Ab 12 Jahren

Jochen Vatter

Literaturseiten

Damals war es Friedrich

- Textverständnis und Lesekompetenz
- Schreibkompetenz
- Konzentration
- Fantasie & Kreativität

Damals war es Friedrich

Literaturseiten

Zitate aus:
Hans Peter Richter, Damals war es Friedrich • ISBN: 978-3-423-07800-9

6. Auflage 2026

Inhalt: Jochen Vatter
Coverbild: © Jumpee to do & Framefap - AdobeStock.com
Redaktion: Kohl-Verlag
Satz: Eva-Maria Noack & Kohl-Verlag
Druck: Druckhaus Flock, Köln

Bestell-Nr. 14 195

ISBN: 978-3-95686-785-9

Bildquellen:

auf jeder Seite oben: © Buchcover; Seite 6: © markus_marb - Fotolia.com; Seite 10: © jac_cz - Fotolia.com; Seite 12: © Buchcover; Seite 17: © clipart.com; Seite 18: © H.-P. - wikimedia.org; Seite 21: © anela47 - Fotolia.com; Seite 22: © jolentil - Fotolia.com; Seite 23: © Lukas Gojda - Fotolia.com; Seite 25: © Photographee.eu - Fotolia.com, © rdnzl - Fotolia.com; Seite 27: © Rita K - Fotolia.com; Seite 29: © rifat_ziyatdinov - Fotolia.com; Seite 30: © AKG-Images_in-die-zukunft-gedacht.de, © Ivixenkristy - Fotolia.com, Seite 31: © clipart.com; Seite 32: © Bundesarchiv_Bild_102-14683,_Berlin-Grunewald,_Stadion,_Treffen_der_HJ - wikimedia.org; Seite 34: © Xufanc - wikimedia.org, GFDL and CC-by-sa-2.0-de by Daniel Ullrich, Threedots - wikimedia.org; Seite 35: © mysontuna - Fotolia.com, © electriceye - Fotolia.com; Seite 36: © Nelos - Fotolia.com; Seite 37: © daboost - Fotolia.com; Seite 38: © photo 5000 - Fotolia.com; Seite 39/40: © Hans-Jörg Nisch - Fotolia.com; Seite 41: © izzetugutmen - Fotolia.com; Seite 43: seeyou c. steps - Fotolia.com; Seite 46: © M. Sonja Birkelbach - Fotolia.com; Seite 47: © michaklootwijk - Fotolia.com; Seite 48: © blogspot.com; Seite 49: © rudall30 - Fotolia.com; Seite 50: © Reproduction of photograph in Die Olympischen Spiele, 1936 - wikimedia.org; Seite 52: © Friedberg - Fotolia.com; Seite 53: © Aleksandar Todorovic - Fotolia.com; Seite 54: © fresh water - Fotolia.com; Seite 55: © mysontuna - Fotolia.com, Seite 56: © Raphael Haentjens - Fotolia.com; Seite 57: © JPS - Fotolia.com, © Andrey Popov - Fotolia.com; Seite 58: © animflora - Fotolia.com; Seite 60: © www.landesarchiv-bw.de, © aerogondo - Fotolia.com, © Jag_cz - Fotolia.com; Seite 62: © 3drenderings - Fotolia.com; Seite 64: © Andrey Tavstyzhenko - Fotolia.com; Seite 65: GFDL and CC-by-sa-2.0-de by Daniel Ullrich, Threedots - wikimedia.org, © markus_marb - Fotolia.com; Seite 66: © Bundesarchiv_Bild_101I-680-8285A-06,_Budapest,_Festnahme_von_Juden - wikimedia.org, © markus_marb - Fotolia.com; Seite 67: © clipart.com; Seite 68: © Anthonycz - Fotolia.com, Seite 69: © Assumed British military - wikimedia.org, © Denaf - wikimedia.org; Seite 70: © cllipart.com

Kontakt: Kohl-Verlag, An der Brennerei 37-45, 50170 Kerpen
Tel: +49 2275 331610, Mail: info@kohlverlag.de

Inhalt

* *Die Seitenangaben beziehen sich auf die aktuelle Taschenbuchausgabe aus dem dtv junior, ISBN-Nr. 978 -3-423-07561-9*

Inhalt

* *Die Seitenangaben beziehen sich auf die aktuelle Taschenbuchausgabe aus dem dtv junior, ISBN-Nr. 978 -3-423-07561-9*

Inhalt

* *Die Seitenangaben beziehen sich auf die aktuelle Taschenbuchausgabe aus dem dtv junior, ISBN-Nr. 978 -3-423-07561-9*

Damals war es Friedrich

1933 lebten in Deutschland rund 500.000 Deutsche jüdischen Glaubens. Sie stellten also nicht einmal ein Prozent der gesamten Bevölkerung dar. Für Adolf Hitler waren sie dennoch Schuld am Niedergang Deutschlands. Diese „jüdische Gefahr" war natürlich nicht die Ursache für die Probleme Deutschlands, aber für Hitler waren sie ein geeigneter Sündenbock, den es zu bekämpfen galt.
Hitler knüpfte dabei an jahrhundertealte Vorurteile gegen die jüdischen Bürger an. Schon immer waren Juden als geldgierig, hinterlistig, verschlagen, gemein bezeichnet worden und mussten häufig als Sündenböcke für Armut, Krankheit oder etwas herhalten, an dem Anstoß genommen worden war.
Für Hitler waren die Juden eine minderwertige Rasse. Sie galten nicht als Menschen, sondern als Schädlinge, die man vernichten musste, um ihren schlechten Einfluss auf die Deutschen zu verhindern. Absurde und nicht zutreffende Vorstellungen und Behauptungen, die von vielen Menschen damals geglaubt wurden und heute noch verbreitet sind.
Die Gründe für solche Vorurteile sind u. a.: Die Schuld an eigenen Nachteilen und Sorgen anderen zuschieben, die Meinung hetzerischer Menschen nachplappern, Unwissenheit über die geschichtlichen Hintergründe.

KOHL VERLAG Literaturseiten „Damals war es Friedrich" – Bestell-Nr. 14 195

Vorwort

Liebe Leser,

das Buch „Damals war es Friedrich“ von Hans Peter Richter ist ein Paradebeispiel dafür,

- wie Familien im 3. Reich in den Sog der Ideologie gerieten,
- wie es einem Bevölkerungsteil immer schlechter erging,
- wie sich Menschen immer mehr in eine schlechte Richtung entwickelten,
- wie man das Leben unschuldiger Menschen beschnitt und zerstörte,
- wie Hass, Verteufelung, Mordgier immer größer wurden,
- wie man durch Wegschauen, Angst und Schweigen Unterdrücker stärkt anstatt zu helfen,
- wie man eingeschüchtert werden kann durch Unterdrückung.

Viele weitere Beispiele für den Weg in diese unmenschliche Tragödie ließen sich aufzählen und sind Ihnen sicher bewusst.

Das Buch in der Schule zu lesen und zu behandeln, sollte Auftrag jeder Lehrkraft sein, denn nichts ist wichtiger für die heranwachsende Generation als aus dem unvergesslichen Versagen der Vorfahren zu lernen und demokratische, menschliche Werte zu verinnerlichen.

Die vorliegende Handreichung möchte Ihnen Hilfestellung bei der Vorbereitung des Unterrichts sein, kann aber niemals einen Anspruch auf Vollständigkeit und letzte Weisheit erheben.

Wichtig beim Umgang mit der Lektüre ist – auch wenn Sie es nur lesen – das Erzielen einer Wertesteigerung infolge von Betroffenheit.

In diesem Sinne wünschen wir Ihnen ein langanhaltendes Leseerlebnis, aus dem sich menschliche Handlungsweisen ergeben, und natürlich einen ertragreichen Einsatz dieser Handreichung. Diese ist übrigens fast durchgehend absichtlich im Präsens gehalten, um Betroffenheit nicht in die Vergangenheit zu verlagern sondern im Hier und Jetzt zu erzeugen und zu behalten.

Ich danke dem Kohl-Verlag, der mir die Möglichkeit gab, dieses Werk zu erstellen. Auch für mich war es ein gewinnbringendes Erlebnis.

Ihr

Jochen Vatter

**Mit Schülern bzw. Lehrern sind im ganzen Band selbstverständlich auch die Schülerinnen und Lehrerinnen gemeint.*

Bedeutung der Symbole:

Einzelarbeit

Partnerarbeit

Schreibe ins Heft/ in deinen Ordner

Arbeiten in kleinen Gruppen

Arbeiten mit der ganzen Gruppe

Die einzelnen Kapitel

Vorgeschichte (1925)
Im Jahr 1925 war Arbeitslosigkeit in Deutschland weit verbreitet und die meisten Deutschen hatten wegen der Geldentwertung kaum mehr Ersparnisse. In dieser Zeit der Armut leben zwei Familien im selben Haus bei Herrn Resch, einem erfolgreichen Großhandelsvertreter. Außer bei kurzen Begegnungen im Treppenhaus haben die Familien keinen Kontakt miteinander.
Herr Resch hat Karriere gemacht und sieht seine Vertreter und Mieter als seine Untertanen an. So wie er, behält auch sein Gartenzwerg sein Umfeld stets im Auge. Und seine Ehefrau, eine brave, angepasste Hausfrau, sorgt dafür, dass beide immer einen freien Blick auf ihr Herrschaftsgebiet haben.

Reibekuchen (1929)
Beide Buben sind jetzt 4 Jahre alt, manchmal hatten sie miteinander gezankt, aber heute soll die Mutter des nichtjüdischen gleichaltrigen Jungen, der zugleich der Erzähler des Buches ist, auf Friedrich aufpassen. So darf er zum ersten Mal die Wohnung im ersten Stock besuchen, was der Erzähler aber zuerst gar nicht mag. Friedrich kann aber den gleichaltrigen Buben mit Hilfe seiner Kuckucksflöte gewinnen und bald spielen sie miteinander, balgen, backen zusammen mit der Mutter Reibekuchen, essen und landen schließlich zusammen in der Badewanne. Und Mutter erkennt lachend, dass Fritzchen wie ein kleiner Jude aussieht.

Schnee (1929)
Schnee fällt, Friedrich tollt mit Frau Schneider draußen herum und sie bauen einen Schneemann. Der gleichaltrige Bub will mit seiner Mutter ebenfalls in den Schnee, die aber zunächst keine Zeit hat. Als es endlich so weit ist, steigt Friedrich auf den Schneehügel, unter dem die Rosen versteckt sind. Das veranlasst Herrn Resch zu einer wüsten Beschimpfung, die in der Beleidigung „Judenbengel“ gipfelt.

Großvater (1930)
Großvater kommt zu Besuch zur Familie im ersten Stock. Mutter zeigt ihre besten Hausfrauenqualitäten, um ihm zu gefallen. Dieser hat Arbeit und unterstützt die Familie finanziell, da Vater arbeitslos ist. Großvater macht einen strengen Eindruck, auch Vater duckt sich vor ihm. Großvater wirft Vater vor, dass dieser nicht auch bei der Eisenbahn arbeitet und deshalb nun kein regelmäßiges Einkommen und keine sichere Zukunft hat.
Als Friedrich an der Tür klingelt, verleugnet Mutter ihn, da Großvater zuvor seine feindselige Haltung gegenüber Juden deutlich gemacht hat.

Freitagabend (1930)
Bei Schneiders wird der Sabbat gefeiert. Der erzählende Junge ist dort anwesend und wird mit einigen Traditionen und Riten des jüdischen Glaubens konfrontiert.

Schulanfang (1931)
Nach dem ersten Schultag gehen beide Buben mit ihren Familien auf den Rummelplatz. Dies haben die Schneiders vorgeschlagen, da sie sich einen Besuch auf dem Rummel leisten können. Herr Schneider hat Arbeit und ein sicheres Einkommen. Die Familie des Erzählers jedoch ist in Geldnot und geht deshalb nur widerwillig mit. Zum Glück hat Mutter noch zwei Euro vom Haushaltsgeld und Vater 70 Pfennig dabei. Die Schneiders sind sehr freigiebig und laden die Familie des Erzählers ein, sodass der Besuch ein Erfolg wird. So kann der arbeitslose Vater zumindest Lakritzstangen und ein Erinnerungsfoto mit seinem Geld bezahlen.

KOHL VERLAG Literaturseiten „Damals war es Friedrich“ – Bestell-Nr. 14 195

Schulweg (1933)
Nach der Schule kommen die beiden Buben am Haus des Kinderarztes vorbei, auf dessen Arztschild das Wort „Jude“ geschmiert wurde. Friedrich teilt dies dem Arzt mit, der es entfernen will. An der nächsten Ecke sehen sie einen Menschenauflauf vor einem Schreibwarengeschäft. Dort will ein Mann in Uniform die Leute vom Einkauf abhalten. „Kauft nicht beim Juden!“ steht auf einem Schild. Eine alte Frau drängt sich aber trotzdem hinein und kauft eine Rolle Umschlagpapier. Danach zeigt sie dies der Menschenmenge. Friedrich grüßt den Ladenbesitzer auffällig. Sein Schulfreund nickt diesem zu. Friedrich tritt dem Mann in Uniform mutig gegenüber. Dann nimmt Friedrichs Vater beide Buben mit nach Hause.

Die Schlaufe (1933)
Friedrich freut sich auf seine erste Veranstaltung bei den Pimpfen des Deutschen Jungvolks, zu der ihn sein Schulfreund mitnimmt. Begeistert hat er die Jungs beim Marschieren und Singen beobachtet. Im Heim wird er gleich in den Ordnungsrahmen hineingerissen, wo ein Beauftragter der Gauleitung eine Hetzrede gegen die Juden hält, die er mit jüdischen Gräueltaten anreichert. Friedrich wird sogar gezwungen einen Hassslogan des Redners zu wiederholen. Mutig wandelt er den Satz um.

Der Ball (1933)
Beim Spielen mit einem Ball geht eine Schaukastenscheibe zu Bruch. Die Ladenbesitzerin beschuldigt den unschuldigen Friedrich laut schimpfend der Täterschaft. Dabei beleidigt und vorverurteilt sie die Juden im Allgemeinen.
Der Erzähler beteuert wahrheitsgetreu, dass er es war, der den Ball geschossen hat, doch die Ladenbesitzerin und der herbeigerufene Polizist beschuldigen weiterhin Friedrich. Sie glauben nicht an die Schilderung des Erzählers und sind von einem beabsichtigten Freundschaftsdienst überzeugt. Friedrichs Vater befreit die Buben in ruhigem Ton aus der misslichen Lage.

Treppengespräch (1933)
Hausbesitzer Resch und Herr Schneider begegnen sich auf der Treppe und der Vermieter nutzt die Gelegenheit, ihm zum nächsten Ersten zu kündigen. Obwohl Mieterschutz und Kündigungsfrist gewährleistet zu sein scheinen, glaubt Herr Resch, dass dies doch möglich wäre, denn Schneiders seien ja Juden.

Herr Schneider (1933)
Herr Schneider ist am Boden zerstört. Die Buben entdecken ihn in dieser Verfassung. Friedrich führt ihn nach Hause, will nicht, dass sein Freund seinen Vater so sieht, denn sein Vater weint. Frau Schneider weint sich deshalb bei der Mutter des Erzählers aus. Sie hat Angst vor der Zukunft, denn ihr Mann wurde entlassen. Er wurde zwangsweise in den Ruhestand versetzt, obwohl er Beamter ist. Aber er ist ja Jude.

Die Verhandlung (1933)
In einer Gerichtsverhandlung soll über die Rechtmäßigkeit der Kündigung der Wohnung von Familie Schneider entschieden werden. Herr Reschs Anwalt begründet die Klage damit, dass Herr Resch Mitglied in der NSDAP ist und damit das Judentum ablehnt.
Herr Resch befürchtet, dass durch die Anwesenheit der jüdischen Familie sein Ansehen und sein Geschäft geschädigt würden. Er wusste aber bereits von Anfang an, dass die Schneiders Juden sind.
Nachdem erkennbar wird, dass der Richter unparteiisch zu urteilen bereit ist, wird die Klage zurückgezogen. Schließlich versichert der Vorsitzende Friedrich sogar, dass der Familie nichts geschehen wird.

Die einzelnen Kapitel

Im Kaufhaus (1933)
Friedrich überrascht seinen Freund mit einem Besuch im Kaufhaus. Dort arbeitet Herr Schneider jetzt als Abteilungsleiter in der Spielwarenabteilung. Er empfängt die beiden Buben freundlich. Sie dürfen mit der Eisenbahn spielen und sich sogar Spielzeug für jeweils eine Mark aussuchen. Friedrich hat seinem Vater mittlerweile von seinem Besuch beim Jungvolk erzählt, kann dem jedoch nicht beitreten. Der arbeitslose Vater des Erzählers ist nun Mitglied der Partei, weil er meint, es könne nur von Vorteil sein.

Der Lehrer (1934)
Herr Neudorf erzählt der Klasse von der Geschichte der Juden. Dabei spricht er von der Verbindung ihres Glaubens mit dem Christentum, von Aufständen, Vertreibungen und Verfolgungen seit den Römern. Besonders weist er darauf hin, dass der Jude im Laufe seiner Verfolgung immer Geld für die Flucht anhäufen musste, um sich Leben und Unversehrtheit erkaufen zu können. Deshalb sagte man ihm nach, er sei geldgierig. Um das Notwendige zu verdienen, musste der Jude stets viel leisten. Deshalb sei er tüchtig. Der Lehrer sagt den Kindern eindringlich, dass Juden Menschen sind wie alle anderen auch. Aktueller Anlass für diese Rede ist die Tatsache, dass Friedrich die Schule verlassen und auf eine jüdische Schule wechseln muss. Eindringlich appelliert er an die Klasse, auch in Zukunft Friedrichs Freunde zu bleiben. „Vielleicht wird Friedrich gute Freunde brauchen!“

Die Reinemachefrau (1935)
Frau Penk ist die Reinemachefrau bei Familie Schneider und hilft auch bei der Familie des Erzählers im 1. Stock aus, denn Vater hat nun Arbeit gefunden. Aufgrund seiner Parteizugehörigkeit ist er sogar befördert worden.
Heute aber teilt sie Frau Schneider mit, dass sie nicht mehr für sie arbeiten könne. Per Gesetz wurde bestimmt, dass Juden und Nichtjuden nicht mehr heiraten dürften, solche Ehen aufgelöst würden und nichtjüdische Frauen unter 45 Jahren dürften nicht mehr bei jüdischen Familien arbeiten.

Gründe (1936)
Auf einer Parteiversammlung hat Vater die ganze Brisanz des Gedankenguts der NSDAP kennengelernt und verstanden. Heimgekommen wartet er auf Herrn Schneider und rät ihm eindringlich, das Land zu verlassen. Dieser erklärt ihm, warum ihm das nicht möglich ist: Er glaubt einfach nicht, dass es tatsächlich so schlimm kommen kann, wie Herr Schneider schildert.

Im Schwimmbad (1938)
Der Bademeister beschimpft Friedrich vor allen als Juden. Er verhöhnt und beleidigt ihn. Als ein anderer Junge bemerkt, dass sein Rad gestohlen wurde, kann Friedrich den Dieb genau beschreiben, weil der ihn auf dem Hinweg gesehen hat. Der Bestohlene aber glaubt nicht, dass die Polizei Friedrich glauben würde, da man einem Juden nun mal nicht glaubt.

Das Fest (1938)
Die Buben sind jetzt dreizehn Jahre alt und Friedrich darf das Fest Bar Mizwah feiern. Er wird dadurch in die Glaubensgemeinde aufgenommen und übernimmt von nun an auch rituelle Aufgaben (zur Information Buchseite 165).
An diesem Fest darf auch Friedrichs Freund teilnehmen, dem natürlich alles fremd ist. Dessen Vater sieht es nicht gerne, dass sich der Sohn oft mit Friedrich zeigt, denn dadurch könnte der Vater Schwierigkeiten bekommen. Am Ende der Feier kommt Lehrer Neudorf hinzu, um Friedrich zu beglückwünschen und zu beschenken.

Begegnung (1938)
Herr Schuster, der Sportlehrer, ein drahtiger SA-Führer und früherer Hauptmann im 1. Weltkrieg, drillt die Klasse und lässt sie einen Gewaltmarsch durchführen, bei dem die Schüler judenfeindliche Lieder singen müssen. Am Ende begegnen sie einer jüdischen Schulklasse. Dabei lässt Lehrer Schuster demonstrieren, dass sich seine deutschen Schüler auch nach einer höchst Kräfte zehrenden Anstrengung keine Blöße geben und tapfer und aufrecht marschieren.

Der Pogrom (1938)
Eindringlich wird die Verwüstung nach dem Überfall bei Dr. Askenase und Herrn Rosenthal geschildert. Friedrichs Freund wird zum Teil der Meute, die ein Lehrlingshaus überfällt und verwüstet. Er ertappt sich dabei, wie er sich von der Zerstörungslust anstecken lässt. Schließlich wird auch noch Familie Schneider im Haus angegriffen, ihre Wohnung verwüstet, Frau Schneider wird schwer verletzt. Erst jetzt kommt bei dem Buben wieder Betroffenheit auf.

Der Tod (1938)
Frau Schneider erliegt in der zerstörten Wohnung ihren schweren Verletzungen. Der Arzt kann ihr nicht mehr helfen. Alle Hilfsversuche, auch die der Nachbarn, kommen zu spät.

Lampen (1939)
Herr Schneider darf als Jude nicht mehr arbeiten, deshalb reparieren er und Friedrich alte Lampen, um sich den Lebensunterhalt zu verdienen. Er hat Angst, dass dies Nichtjuden erfahren, denn dann würde man ihm wieder alles wegnehmen. Und zu guter Letzt hat ihm Herr Resch noch die Wohnung gekündigt. Herr Schneider hofft und glaubt zunächst, dass er solange in der Wohnung bleiben darf, bis Herr Resch ihm eine neue zuweist.

Der Film (1940)

Es ist Krieg. Die Buben sind 15 Jahre alt. Sie wollen zusammen den Film „Jud Süß“ anschauen. Filme sind eines der wenigen Vergnügen für die Bevölkerung in Kriegszeiten. Der Film ist für Jugendliche ab 14 Jahren, weshalb die beiden vor einer Ausweiskontrolle Angst haben. In diesem Falle käme heraus, dass Friedrich Jude ist, denn jüdische Ausweise sind gekennzeichnet. Juden ist der Besuch von Kinos nicht mehr gestattet. Als die Ausweise tatsächlich kontrolliert werden und die Jungen nicht mehr fliehen können, wird Friedrichs Identität als Jude entdeckt. Die Platzanweiserin hat jedoch Mitleid mit dem Buben und geleitet ihn ohne Aufhebens aus dem Kinosaal.

KOHL VERLAG Literaturseiten „Damals war es Friedrich“ – Bestell-Nr. 14 195

Die einzelnen Kapitel

Bänke (1940)
Friedrich brennt darauf, seinem Freund von der Begegnung mit einem Mädchen namens Helga zu erzählen. Augenscheinlich hat er sich verliebt und sich mit Helga getroffen. Nur mit Widerwillen setzt er sich im Stadtpark auf eine Bank neben sie, da er Angst hat, gesehen und erkannt zu werden. Das würde zu Schwierigkeiten führen, da es Juden untersagt ist, auf grünen Parkbänken zu sitzen. Diese dürfen nur von Nichtjuden genutzt werden. Die feinfühlige Helga erkennt die Situation und setzt sich mit ihm auf eine gelbe Bank, die nur für Juden ist. Die nächste Verabredung ist für den Stadtwald geplant, wo es keine gelben Bänke gibt. – Friedrich entschließt sich jedoch, nicht hinzugehen, um seine Liebe zu schützen, denn sie würde verhaftet werden und in ein Lager kommen, wenn sie mit ihm gesehen wird.

Der Rabbi (1941)
Die Friedrichs haben einen Rabbi bei sich versteckt. Vater ist voller Angst, dass dies entdeckt wird und sie zur Rechenschaft gezogen werden. Da sieht Friedrichs Freund den Versteckten. Eigentlich muss er jetzt alles an die Obrigkeit melden. Aber er ist im Zwiespalt, was er tun soll, denn einerseits gefährdet er den Rabbi und die Schneiders, auf der anderen Seite bringt er sich und seine Familie in Gefahr.

Sterne (1941)
Juden müssen wieder einen gelben Stern in Form des Davidsterns tragen. Herr Schneider näht deshalb einen solchen Stern an jedes Kleidungsstück.
Der Rabbi befürchtet, dass man die Juden demnächst verbrennen wird, so wie dies im Mittelalter der Fall war.

Salomon
Der Rabbi erzählt die Geschichte von Schloime und Gittel, die ihren Sohn Salomon mit ihrem Leib und Leben schützen, als die Soldaten des Königs eine Stadt von den Juden säubern und diese ausplündern dürfen, um ihren Sold aufzustocken. Der Grund für die Verfolgung war damals schon der gleiche, nämlich sich an den Gütern und Vermögen der Juden zu bereichern.

Besuch (1941)
Herr Resch führt eine Gruppe Polizisten zu Schneiders Wohnung und ist bei der Öffnung dieser behilflich. Herr Schneider und der Rabbi werden abgeführt, Herr Schneider verletzt. Herr Resch meldet, dass ein Jude in der Wohnung fehlt, nämlich Friedrich. Herr Resch ist voller Freude, die lästigen Mieter nun los zu sein. Die Familie des Erzählers muss im 1. Stock bei der ganzen Aktion hilflos und erstarrt zusehen.

Fledderer (1941)
Fledderer sind Plünderer, die sich u.a. am Eigentum Wehrloser oder Toter vergreifen. Nachdem die Wohnung der Schneiders verwaist ist, haben Herr Resch und seine Frau freie Bahn und raffen darin gierig alles Wertvolle an sich. Friedrich, der dazukommt, lässt Herrn Resch seine Verachtung spüren.

Das Bild (1942)
Der verzweifelte Friedrich, von nun ab auf sich allein gestellt, kommt aus seinem Versteck zu den Nachbarn und klagt sein Leid. Mutter versorgt ihn mit dem Nötigsten, gibt ihm zu essen, sorgt für warmes Wasser und frische Kleidung. Währenddessen sucht Vater auf Friedrichs Wunsch hin nach dem gemeinsamen Foto, das die Familien auf dem Rummel am 1. Schultag zeigt. Dies sehnt sich Friedrich zur Erinnerung an seine Eltern herbei. Schon verkünden die Sirenen einen Luftangriff. Die Bewohner machen sich auf den Weg in den Luftschutzkeller.

Im Keller (1942)
Herr Resch ist in seiner Funktion als Luftschutzwart eine Autorität, der sich alle unterordnen müssen. Dieser Macht ist sich Resch bewusst. Mutter bedauert Friedrich, den die Familie in der Wohnung zurückgelassen hat. Als Friedrich kurz später flehend, panisch und den Bomben ausgeliefert vor der Tür des Kellers steht und um Einlass bittet, bleibt Resch hart und lässt ihn nicht herein.

Ende (1942)
Nach dem Bombenangriff werden dessen Ausmaße in Form von Verwüstung sichtbar. Herr Resch jedoch bedauert lediglich seinen Gartenzwerg, der die Spitze der Zipfelmütze verloren hat. Er will Friedrich verscheuchen, der im Hauseingang sitzt. Selbst jetzt beschimpft er den ohnmächtig wirkenden Jungen. Als er ihn tritt, fällt Friedrich zur Seite. Die Blutspur an seiner Schläfe lässt erkennen, dass er tot ist.

KOHL VERLAG Literaturseiten „Damals war es Friedrich“ – Bestell-Nr. 14 195

Hinweise zum Unterricht

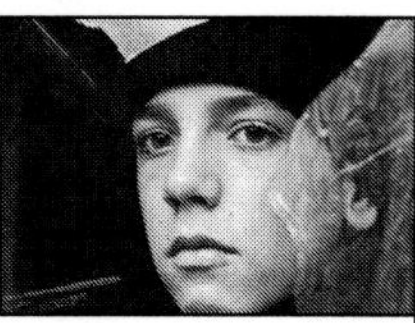

➲ Vorgeschichte (1925)

Was man in der Kürze über Polykarp wissen sollte:
Polykarp bzw. **Polycarp** ist ein männlicher Vorname, der sich vom altgriechischen Wort für „Frucht' ableitet, wörtlich also „der viel Frucht Bringende" bedeutet.

Das Adjektiv „polykarp" (vielfach fruchtend) wird in der Botanik auch zur Bezeichnung sogenannter „ausdauernder", also mehrfach in ihrem Leben blühender und fruchtender Pflanzen, z. B. Obstbäume, benutzt.

Polykarp von Smyrna hat in der christlichen Kirche eine besondere Bedeutung. Er wurde persönlich vom Apostel Johannes in der Lehre Jesu unterwiesen. Deshalb blieb er offenbar auch den Lehren der Apostel vollkommen treu und wurde so besonders wichtig für die Kontinuität des Glaubens von der Zeit Christi durch die apostolische Epoche und darüber hinaus.

Polykarp war Bischof von Smyrna, wurde um 155 verhaftet. Er weigerte sich, dem Kaiser ein Opfer zu bringen oder Christus abzuschwören. Aus diesem Grund wurde er lebendig verbrannt und wurde so zum Märtyrer.

➲ Reibekuchen (1929)

Zum ersten Mal wird erkenntlich, dass Friedrichs Familie jüdischer Herkunft ist, denn die nichtjüdische Mutter sieht beim Abtrocknen Friedrichs, dass der Bub beschnitten ist. Hier bietet sich ein kleiner Exkurs zum Thema Beschneidung an.

➲ Schnee (1929)

Lassen Sie die Szene herausarbeiten: Friedrich und seine Mutter tollen froh und ausgelassen im ersten Schnee herum, schlittern über die Fahrbahn, formen Schneebälle, beginnen eine Schneeballschlacht und bauen einen Schneemann. Auch der erzählende Junge möchte hinaus, wird ungeduldig, Mutter hält ihn aber zurück, denn sie möchte erst ihre Arbeit erledigen.

In einem kurzen Rollenspiel können Schülerpaare die Schlusssituation ausdrucksstark verarbeiten: Obwohl sie sich zum Rausgehen anziehen, kommt es nicht dazu. Der Erzähler und seine Mutter werden vom Fenster aus Zeuge, wie Herr Resch Friedrich barsch zurechtweist, weil der auf einen Schneehügel steigt, den Frau Resch vorher über die zurecht gestutzten Rosen häufte.

➲ Großvater (1930)

- Seite 24 sollte extra nochmal gelesen werden, um Großvaters Abneigung gegen Juden begründen zu können.
- Die Bedeutung des *Talliths*, des Gebetstuchs, kann anhand der Passage auf S. 161 erklärt werden.
- Lassen Sie die Bemerkung „Wir sind Christen. Bedenkt, die Juden haben unsern Herrn ans Kreuz geschlagen." in Verbindung mit Vaters Entgegnung diskutieren.

➲ Freitagabend (1930)

Das Kapitel gibt viele Hinweise zu jüdischen Riten am Sabbat. Diese und das Besondere an der Feier in der Familie werden somit verdeutlicht. Zur Veranschaulichung können konkrete Gegenstände wie auch zusätzliches Bild- und Textmaterial dienen.

Hinweise zum Unterricht

➲ Schulanfang (1931)

Die Stimmung in der Geschichte schwankt von Besorgnis und **Nachdenklichkeit**, weil kein oder zu wenig Geld vorhanden ist, bis hin zur **Ausgelassenheit** und Freude, weil der Besuch auf dem Rummelplatz ein sehr schönes Erlebnis darstellt, das den Alltag und die politische Situation kurzerhand vergessen lässt.

➲ Schulweg (1933)

Das Foto auf der Kopiervorlage mit den Aufschriften „Kauft nicht beim Juden!" können als Sprechanlass dienen. Die Szene mit dem Posten vor dem Geschäft kann von den Schülern nachgespielt werden. Gerade durch das intensive Rollenspiel kann die realistische und beängstigende Situation verinnerlicht werden.
Die Schüler notieren mit Hilfe des Textes und der Fotos die Erlebnisse der beiden Jungen.

➲ Die Schlaufe (1933)

- Im Jahre 1933 durften auch noch 7- und 8-Jährige dem Deutschen Jungvolk beitreten. So hatten also auch die beiden Freunde dort bereits Zugang.
- Bevor die Schüler das Kapitel lesen, können Sie mit Friedrichs freudiger, erwartungsvoller Aussage: „Danke schön! Danke schön, dass du mich abgeholt hast." „Ich freue mich so! Ich freue mich so! Aber mein Vater darf es nicht erfahren" die Bedeutung dieser sowie die Prognose in die Zukunft erörtern lassen.
  (Fragen wie: Wohin die beiden wohl gehen? Warum will Vater das nicht? Ist es etwas Verbotenes?)
- Das obige Bild kann als Bestätigung oder Weiterführung angeboten werden.
- Beeindruckend und wirkungsvoll kann das Spiel des hetzerischen Ausbruches des Buckligen sein. Hierdurch wird Fanatismus veranschaulicht, verdeutlicht und thematisiert.
  Hier kann die Frage: „Glaubst ihr, dass die Schneiders solche Gräueltaten verübt haben oder verüben?" in den Raum geworfen werden.

➲ Der Ball (1933)

Die Szene kann in Gruppen eingeübt und dann vorgespielt werden. Wichtig ist, dass die Stimmungslagen angemessen widergegeben werden. Wichtige Fragen an die Schüler:

- „Haben Schneiders ein Kaufhaus?"
- „Sind sie an weniger Einnahmen der Ladenbesitzerin schuld?"
- „Hat Ferdinand eine Schuld?"
- „Was bedeutet „ausrotten" in diesem Zusammenhang?"
- „Ist es gerechtfertigt eine Gruppe auszurotten, weil sie eine geschäftliche Konkurrenz darstellt?"
- „Was haben die Schneiders damit zu tun?"

➲ Treppengespräch (1933)

Bedeutung, Sinn und Zweck des Begriffes „Mieterschutz" sollte geklärt werden.
Das Gespräch zwischen Herrn Resch und Herrn Schneider kann mit verteilten Rollen gelesen oder gespielt werden, nachdem Aufgabe 1 der Kopiervorlage erledigt wurde.
Aufkommende Frage an die Schüler: „Was würdest du sagen, wenn man deiner Familie die Wohnung kündigen würde, weil du katholisch oder evangelisch bist?"

Hinweise zum Unterricht

➲ **Herr Schneider (1933)**
Es sollte geklärt werden, wieso Beamter ein besonderer Status ist. Dem dagegenzusetzen ist die zwangsweise Ruhestandsversetzung von Beamten.
Aufkommende Frage an die Schüler: „Was würdest du sagen, wenn dein Vater oder deine Mutter aufgrund einer anderen Glaubensrichtung oder keiner Religionszugehörigkeit entlassen würden?"

➲ **Die Verhandlung (1933)**
Vor dem Lesen des Kapitels kann die Klasse zusammentragen
- was verhandelt wird,
- wie die Anklage lauten könnte,
- wie Herr Resch seine Anklage begründen könnte,
- wie sich Herr Schneider verteidigen wird.

Die Klasse kann nach der Lesephase in drei Gruppen eingeteilt werden. Die Schüler nehmen die Rollen des Richters, des Anwalts und Herrn Reschs ein und tragen deren Argumente vor. Dabei kann die Lehrkraft den Fokus immer wieder nachhaken: „Wie trägt dies ... wohl vor?"
Danach entscheiden die Schüler, welche Rolle sie nun gerne einnehmen würden. Lassen Sie dies auch begründen. Auf diese Weise kommen eigene Meinung, Einstellungen und Begründungen zu Tage, die zu neuen Diskussionen anregen.

➲ **Im Kaufhaus (1933)**
Setzen Sie vor dem Lesen des Kapitels anhand folgender Textstelle einen

1. Impuls: „Ein Herr im schwarzen Gehrock mit grau gestreifter Hose schlenderte umher; hier wies er eine Verkäuferin an; dort setzte er ein Spielzeug zurecht."
Frage: „Wer könnte er sein? Der Chef, der Besitzer, ein Aufseher, ein Abteilungsleiter?"
Die Schüler sollten ihre Antworten stets begründen.

2. Impuls: „Irgendetwas an dem Mann kam mir bekannt vor."
Man erfährt, es ist Friedrichs Vater. Er hat eine neue Stelle gefunden, nachdem er entlassen wurde. Frage: „Wie ist das möglich, dass er in diesen Zeiten als Jude eine Anstellung bekommt?"
Die Schüler diskutieren. Mögliche Erkenntnis: Wahrscheinlich macht es dem Besitzer nichts aus, dass er Jude ist. Vielleicht ist er auch Jude (Name?).

Lassen Sie auch klären:
„Friedrich hat Vater vom Jungvolk erzählt. Was sagt das über sein Verhältnis zu ihm aus?" (Vertrauen, keine Geheimnisse, Verständnis).
Der arbeitslose Vater ist der NSDAP beigetreten. Warum? Was erwartet er sich davon? (Nutzen, Unterstützung, Beschäftigung, Arbeitsstelle ...)

➲ **Der Lehrer (1934)**
Vor dem Lesen des Kapitels können über den Inhalt mit folgender Textstelle Vermutungen angestellt werden: „Der Unterricht ist zu Ende. – Aber bleibt bitte noch eine kurze Zeit hier; ich möchte euch etwas erzählen. – Wer jedoch keine Lust hat, kann schon nach Hause gehen."
Eine Textstelle, die an die Schüler Fragen aufwirft wie: „Was kann es sein, was er uns erzählen will? Zum regulären Unterrichtsstoff des Schuljahres kann es nicht gehören, denn der Verbleib ist freiwillig."

Die Geschichte des jüdischen Volkes kann an Hand von Kartenmaterial veranschaulicht werden. Wichtig ist es herauszustellen, dass Lehrer Neudorf die Geschichte ohne parteipolitische Färbung darstellt, Gründe anbietet und dadurch um Verständnis für jüdische Mitmenschen wirbt. Die Schüler verstehen sehr schnell, dass er mit seiner Rede dem Buben den Abschied erleichtern möchte.
Über den Satz „Vielleicht wird Friedrich gute Freunde brauchen." lässt sich gut nachdenken und Mitgefühl hervorrufen.

➲ Die Reinemachefrau (1935)

Lassen Sie gegenüberstellen, was für Frau Penks weitere Arbeit bei den Schneiders spricht und was dagegen.
Die Schüler schreiben auf, wie das neue Gesetz im Amtsdeutsch lauten könnte.
Eine Schülerin kann in die Rolle Frau Penks schlüpfen und versuchen, die Situation emotional treffend wiederzugeben, indem sie Frau Penks Zerissenheit darstellt.

➲ Gründe (1936)

An diesem Kapitel kann verdeutlicht werden, dass nicht jedes Parteimitglied aufgrund der Ideologie beigetreten ist, sondern ganz praktische und persönliche, sozusagen egoistische (teils verständliche?) Gründe hat.
Herrn Schneiders Gründe, das Land nicht zu verlassen, sollen hier herausgestellt werden. Lassen Sie den Dialog nachgestalten. Auch hier sollen die Schüler auf Emotion und Betonung achten.
Im Olympischen Jahr 1936 hatte man sich beeilt, alle antijüdischen Hetzparolen vor den Spielen zu beseitigen, wie zum Beispiel die antijüdischen Hinweisschilder „Juden sind hier unerwünscht" oder die Kennzeichnungen für Parkbänke „Für Juden verboten". Hitler wusste sehr gut, dass dies dem Ansehen Deutschlands in der Welt schaden würde und zu diesem Zeitpunkt war er bereit, alles für ein positives Deutschlandbild zu tun. In jenen Wochen gab es in Berlin sogar wieder internationale Zeitungen zu kaufen, die antisemitische Wochenzeitung „Der Stürmer" wurde in dieser Zeit nicht angeboten. In Lokalen hörte man kurzzeitig wieder den bei den Nazis verpönten „Swing". Für ein halbes Jahr hatten die jüdischen Mitbürger eine Verschnaufpause.
Aber durch die SA (die paramilitärische Kampforganisation der NSDAP) geisterte der Spruch: „Wenn die Spiele vorbei, schlagen wir die Juden zu Brei."
Und nicht alle trauten dem Frieden. Der Schriftsteller Heinrich Mann mahnte: „Ein Regime, das sich stützt auf Zwangsarbeit und Massenversklavung; ein Regime, das den Krieg vorbereitet und nur durch verlogene Propaganda existiert, wie soll ein solches Regime den friedlichen Sport und freiheitlichen Sportler respektieren? Glauben Sie mir, diejenigen der internationalen Sportler, die nach Berlin gehen, werden dort nichts anderes sein als Gladiatoren, Gefangene und Spaßmacher eines Diktators, der sich bereits als Herr dieser Welt fühlt."

➲ Im Schwimmbad (1938)

Die Schüler bilden einen Sitzkreis. Jedem Satz der Hasstirade des Bademeisters können die Schüler nun mit eigenen Worten entgegentreten. Einer der Schüler sollte dabei die Rolle des Bademeisters übernehmen und die anderen mehrmals die Möglichkeit bekommen einer Beschimpfung zu begegnen.
Die Schüler verfassen einen Brief an den Bademeister. Dadurch werden Gedanken der Schüler fassbar und bleibend. Übereinstimmende Ausführungen sollten ausgehängt (z. B. an einer Flipchart) werden.

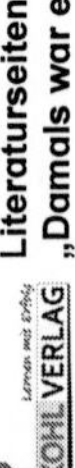

Hinweise zum Unterricht

➲ Das Fest (1938)

In diesem Kapitel gibt es viele Inhalte und Begriffe zu klären. Eine intensive Auseinandersetzung mit dieser Feier kann angeregt werden.
Dieses Thema eignet sich gut, auch fächerübergreifend herangezogen zu werden (Religion, Ethik).

➲ Begegnung (1938)

Die Stimmung in diesem Kapitel wird am ehesten deutlich durch die Charakterisierung und Herausstellung der Lehrerperson. Stimmlage und Befehlston, von einem geeigneten Schüler vorbereitet und getroffen präsentiert, unterstreichen dies nachhaltig.

➲ Der Pogrom (1938)

In der Nacht vom 9. zum 10. November 1938 wurden jüdische Synagogen in ganz Deutschland in Brand gesetzt. Mitglieder der SA (paramilitärische Kampforganisation der NSDAP) und SS (Schutzstaffel der NSDAP) zerschlugen und verwüsteten Schaufenster jüdischer Geschäfte sowie Wohnungen jüdischer Bürger, welche misshandelt wurden. Das Ergebnis des Terrors: 91 Tote, 267 zerstörte Gottes- und Gemeindehäuser, 7.500 verwüstete Geschäfte. Tatsächlich aber starben während der Ausschreitungen und in den Tagen danach sicher weit mehr als 1.300 Menschen. Über die Hälfte aller Synagogen oder Gebetshäuser in Deutschland und Österreich wurden stark beschädigt oder zerstört. Zudem wurden am 10. November mehr als 30.000 männliche Juden in Konzentrationslager verschleppt.
Der Befehl zu dieser menschenverachtenden Aktion wurde in München gegeben, wo sich zuvor die Führung der NSDAP getroffen hatte. Das NS-Regime verkaufte den gesteuerten Pogrom als „berechtigte und verständliche Empörung des deutschen Volkes". Dadurch sollten die Juden aus dem deutschen Wirtschaftsleben entfernt werden. Durch die zunehmende Enteignung, Entrechtung und „Zwangsarisierungen" sollten die Juden zur Auswanderung gezwungen werden. Nur wenige Menschen außerhalb der SA oder SS beteiligten sich aktiv an den Gräueltaten, aber auch nur wenige halfen ihren jüdischen Mitbürgern.
Und so lautete einer der Befehle (SA-Stelle Nordsee): „Sämtliche jüdische Geschäfte sind sofort von SA-Männern in Uniform zu zerstören. Nach der Zerstörung hat eine SA-Wache aufzuziehen, die dafür zu sorgen hat, dass keinerlei Wertgegenstände entwendet werden können. [...] Die Presse ist heranzuziehen.
Jüdische Synagogen sind sofort in Brand zu stecken, jüdische Symbole sind sicherzustellen. Die Feuerwehr darf nicht eingreifen. Es sind nur Wohnhäuser arischer Deutscher zu schützen, allerdings müssen die Juden raus, da Arier in den nächsten Tagen dort einziehen werden. [...] Der Führer wünscht, dass die Polizei nicht eingreift. Sämtliche Juden sind zu entwaffnen. Bei Widerstand sofort über den Haufen schießen. An den zerstörten jüdischen Geschäften, Synagogen usw. sind Schilder anzubringen, mit etwa folgendem Text: ‚Rache für Mord an vom Rath. Tod dem internationalen Judentum. Keine Verständigung mit Völkern, die judenhörig sind.' Dies kann auch erweitert werden auf die Freimaurerei."

Die Schüler sollten schriftlich erarbeiten, welche Entwicklung die jüdischen Protagonisten durchlaufen, was ihnen innerhalb dieser Zeit widerfährt. Durch das schriftliche Festhalten werden Verwüstung und Willkür verinnerlicht.
Auf den Grund gegangen werden muss der Frage, wie und warum sich der Erzähler selbst immer mehr mitreißen lässt und zum Mittäter wird.

➲ Der Tod (1938)
Dieses Kapitel sollte nicht zerredet werden. Es wirkt für sich selbst. Eine stille Pause nach der Lesephase, um Raum für eigene Emotionen zu schaffen, ist empfehlenswert. Gedanken können aufgeschrieben werden.

➲ Lampen (1939)
An dieser Stelle sollte die Charakterisierung von Herrn Schneider und Friedrich erfolgen: Die Gegenüberstellung vor dem Pogrom und zum jetzigen Zeitpunkt. Impuls kann hierbei folgende Aussage sein: „Herr Schneider und Friedrich schienen mir so verwandelt. Diesen Friedrich kannte ich gar nicht."

➲ Der Film (1940)
Der Film **Jud Süß** ist ein Propagandafilm, der die Juden bewusst ins schlechte Licht rückt, um die Repressionen und Untaten gegen sie zu rechtfertigen und weitere vorzubereiten. Eine Liste entsprechender Maßnahmen, Gesetze, Erlasse und Verordnungen findet man ab S. 168 des Buches. **Jud Süß** ist somit ein antijüdischer Spielfilm aus dem Jahr 1940. Das von der nationalsozialistischen Regierung in Auftrag gegebene und als Propaganda- und Hetzfilm an die historische Figur des Joseph Süß Oppenheimer angelehnte konzipierte Werk entspricht aber nicht den überlieferten Quellen, die erkennen lassen, dass Süß Oppenheimer nur als Sündenbock für die Verfehlungen seines Herzogs zu büßen hatte (laut „Wikipedia"). Empfohlener Einstieg in das Kapitel mittels Kinoplakat zum Film. Darüber die Aufschrift „Zutritt für Jugendliche unter vierzehn Jahren verboten".

➲ Bänke (1940)
Eine grüne und eine gelbe Bank an Tafel, Tageslichtprojektor oder Beamer können als Gesprächsimpuls dienen. Ein dazwischen geklebtes Foto von Friedrich (siehe Cover) führt zur Entscheidung, auf welcher Bank er Platz nehmen soll. Ist es nicht egal? Warum nicht?
Lassen Sie Friedrich und Helga nun charakterisieren.

➲ Der Rabbi (1941)
Nun sollte eine Charakterisierung der vier handelnden Personen erfolgen und der Zwiespalt herausgearbeitet werden, in dem sich Friedrichs Freund befindet. Ein Rollenspiel ist hier empfehlenswert.

➲ Sterne (1941)
Die Schüler lesen auf den Seiten 170 ff, was den Juden alles verboten wurde. Durch die zu tragenden Judensterne waren diese sofort als solche zu erkennen. Nachdem die Schüler einzelne Verbote nach Wahl in die Sterne eintragen, setzen sie sich damit auseinander und bewerten die einzelnen Ausführungen. Im Anschluss vergleichen sie ihre Einträge mit den anderen in ihrer Klasse und beurteilen, was es für sie selbst bedeuten würde, müssten sie sich einer oder mehreren dieser Maßnahmen unterwerfen.

Beispiel: „Stelle dir vor, du müsstest deinen MP3-Player abgeben und dürftest keine Musik mehr hören."

Hinweise zum Unterricht

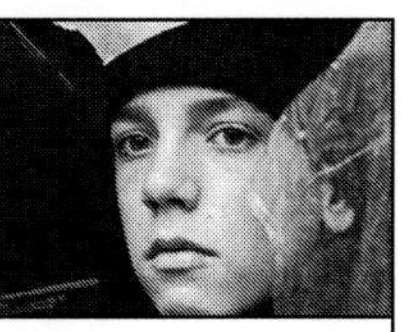

➲ **Salomon**

Die Geschichte liegt weit in der Vergangenheit. Schon damals wurden die Juden verfolgt. Die Schüler stellen nun die Habgier und die niederen Beweggründe hierzu heraus.

Lassen Sie an der Tafel die handelnden Parteien charakterisieren und gegenüberstellen. Dabei kann in Gruppen an einer Partei gearbeitet werden. Die Ergebnisse werden anschließend auf einem Poster präsentiert.

➲ **Besuch (1941)**

Die Schüler sollen die Brutalität der Ereignisse und Herrn Reschs Verschlagenheit herausstellen. Wichtig ist hierbei die Beantwortung der Frage, was mit den beiden Verhafteten passieren wird.

➲ **Fledderer (1941)**

Lassen Sie die Gefühle der Handelnden herausarbeiten.

➲ **Das Bild (1942)**

Die Schüler beschreiben Friedrich und seinen bejammernswerten Zustand.
Wichtig ist es herauszustellen, warum er sich in die Gefahr begibt und was das Foto für ihn bedeutet.

➲ **Im Keller (1942)**

Die herrische Person des Herrn Reschs lässt sich in Gestik, Mimik und Worte gut in einem Rollenspiel verdeutlichen. Die Einwände des Feldwebels können ebenso wiedergegeben werden.

➲ **Ende (1942)**

Das Ende wirkt durch sich selbst. Allein Herrn Reschs Ideologiehörigkeit und Unmenschlichkeit könnte durch das Herausschreiben der ihm zuzuordnenden wörtlichen Reden verdeutlicht werden.

1 Vorgeschichte (1925) *Buchseiten 9–11*

Polykarp beherrscht den Vorgarten. Wer ist Polykarp? Wie sieht er aus?

____

____

____

Skizziere Polykarp und den Vorgarten. Male deine Skizze bunt aus.

EA 3

Wie sehen die Klingelschilder aus, die im Eingangsbereich übereinander angeordnet sind? Trage die Namen der Bewohner ein.

2. Stock:  ______________________________

1. Stock:  ______________________________

Erdgeschoss:  ______________________________

Was fällt dir auf?

____

Was erfährst du über die Personen in diesem Kapitel?

Herr Resch:

____

Familie Schneider:

____

Die Familie des Erzählers:

____

1 Vorgeschichte (1925) *Buchseiten 9–11*

EA

Wie wird Herr Resch dargestellt?
Wie kannst du ihn beschreiben und charakterisieren?

EA
6

Was erfährst du über die politische Situation dieser Zeit?

EA

Warum wird wohl Polykarp so ausführlich vom Autor vorgestellt?

KOHL VERLAG Literaturseiten „Damals war es Friedrich" – Bestell-Nr. 14 195

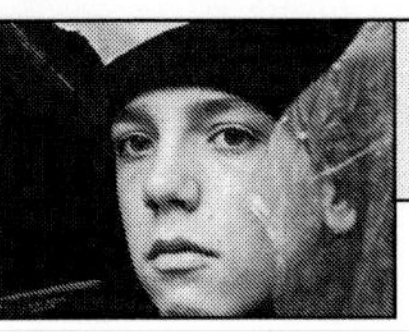

2 Reibekuchen (1929) *Buchseiten 11–15*

EA 

Wie alt sind die beiden Buben, als sie zum ersten Mal miteinander spielen? ______________________

EA 

Wieso kann Frau Schneider nicht auf ihren Buben aufpassen?

____

____

EA 

Schreibe in dein Heft:

a) An welchen Textstellen erfährst du, wie der Erzähler Friedrich gegenübertritt?

b) Wie reagiert Friedrich auf die Ablehnung?

c) Wie kommen sich die beiden Buben dann näher?

d) Wie werden in der Geschichte Reibekuchen hergestellt?

e) Wo wird erkennbar, dass die beiden Spaß miteinander haben?

f) An welcher Textstelle taucht Herr Resch auf?

g) Woran erkennt Mutter wohl, dass Friedrich ein kleiner Jude ist?

KOHL VERLAG Literaturseiten „Damals war es Friedrich“ – Bestell-Nr. 14 195

3 Schnee (1929) *Buchseiten 15–21*

EA

Friedrich hatte viel Spaß im Schnee. Ergänze die Ausdrücke.

Er sp_______________ mit beiden Beinen gleichzeitig in den Sc_______________. Er machte einen großen Sch_______________, betrachtete seine S_______________, ließ es sich in den Mund sch_______________, versuchte mit der Z_______________ Schneeflocken zu f_______________, schluckte den S_______________, begann eine Fährte in den Schnee zu st_______________, lief mit sch_______________ Füßen, seine Mutter t_______________ mit ihm im Schnee, er f_______________ kleine Schneebälle, begann eine Sc_______________, sie waren f_______________ und aus_______________, bauten einen Sch_______________, er sta_______________ lächelnd durch den h_______________ Schnee zum Haus.

EA

Mit welcher Absicht wird dies gesagt?
Ordne Buchstaben und Ziffern zu und trage sie in die Tabelle ein.

1	Frau Resch hat den Schnee fortgeschaufelt.	a	ungeduldig
2	Es wird noch mehr, viel mehr fallen.	b	ist genervt
3	Mutter, Friedrich spielt schon im Schnee.	c	vertröstet, hält hin
4	Hab noch ein wenig Geduld.	d	bewundert
5	Lass uns doch bitte hinausgehen.	e	enttäuscht
6	Quäl mich doch nicht.	f	begründet
7	Die Schlitterbahn schmilzt nicht so rasch.	g	tröstet
8	Ein schöner Schneemann!	h	drängt, bittet

1	2	3	4	5	6	7	8

Literaturseiten „Damals war es Friedrich" – Bestell-Nr. 14 195

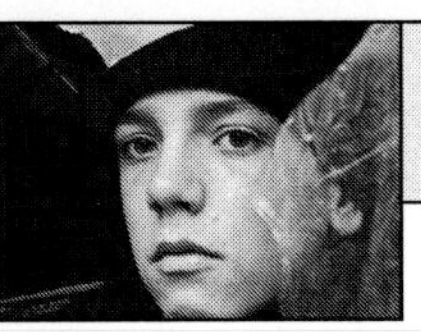

EA

Am Schluss des Kapitels meldet sich Herr Resch.
Was sagt er, wie sagt er es? Was denkst du darüber?

EA

Wie reagiert Mutter am Fenster auf Herrn Reschs Schimpfkanonade?
Warum handelt sie wohl so?

4 Großvater (1930) *Buchseiten 22–25*

EA

Wie alt sind die Buben jetzt?

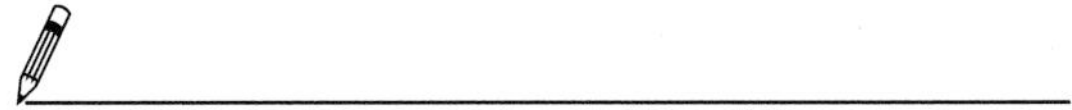

EA

Großvater kommt zu Besuch. Was tut Mutter jedes Mal, wenn er sich ankündigt? Diese Stichpunkte helfen dir.

Ordnung: ______________________

____

Staub:. ______________________

____

Geld: ______________________

____

Wurzelbürste: ______________________

____

Scheitelhaare: ______________________

____

Verbeugung: ______________________

____

Schuhe: ______________________

____

EA

Wie beschreibst du Großvaters Verhalten? Nenne einige zutreffende Adjektive.

____

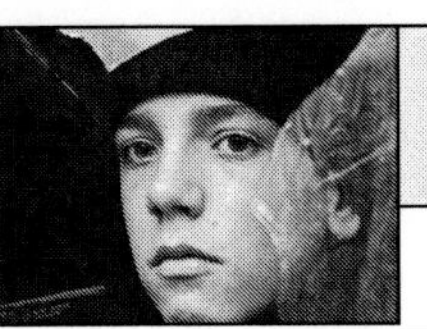

4 Großvater (1930) *Buchseiten 22–25*

Wie verhalten sich die Personen in den jeweiligen Situationen? Ordne zu.

1	Sie putzte Staub, wo keiner mehr lag.	a	belehrend
2	Mit einer tiefen Verbeugung begrüßte ich ihn.	b	erhaben
3	Er saß hoch aufgerichtet.	c	demütig
4	Er warf ihm vor, sich nicht genügend um Arbeit zu kümmern.	d	ängstlich
5	Vater hörte sich das mit demütig gesenktem Kopf an.	e	befehlend
6	Wir sind Christen. Bedenkt ...	f	unterwürfig
7	Ich wünsche nicht, dass der Junge ...	g	vorwurfsvoll

1	2	3	4	5	6	7

Hier sind 13 Schlüsselwörter aus dem Kapitel versteckt. Markiere sie und schreibe den entsprechenden Satz aus dem Kapitel in dein Heft. Unterstreiche ihn anschließend.

a	u	f	g	e	r	i	c	h	t	e	t	y	x	p	w	l	V	s	s
n	f	x	k	l	m	s	x	b	t	x	a	u	f	g	e	r	e	g	t
j	ü	d	i	s	c	h	d	x	c	a	x	L	h	m	d	w	r	x	i
l	x	v	e	r	f	ä	r	b	t	e	x	a	x	x	x	x	b	t	l
k	e	r	s	c	h	r	e	c	k	t	x	m	x	x	x	x	e	x	l
j	t	a	j	l	k	x	u	i	n	x	x	p	x	x	x	x	u	r	m
b	g	z	o	p	w	r	i	x	e	x	d	e	m	ü	t	i	g	z	x
r	k	d	g	j	x	i	U	n	t	e	r	s	t	ü	t	z	u	n	g
z	G	e	h	e	i	m	r	a	t	x	x	x	x	x	x	x	n	x	x
x	d	A	l	t	e	r	s	v	e	r	s	o	r	g	u	n	g	x	x

Welche Textstellen auf Buchseite 24 und 25 zeigen dir, dass Vater und Mutter die Meinung Großvaters über Juden nicht teilen?

___

___

KOHL VERLAG Literaturseiten „Damals war es Friedrich“ – Bestell-Nr. 14 195

5 Freitagabend (1930) *Buchseiten 26–27*

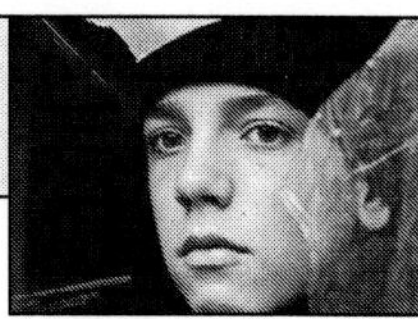

EA

Die Mesusah – ein wichtiger Gegenstand.
Welche Bedeutung hat sie im jüdischen Glauben?

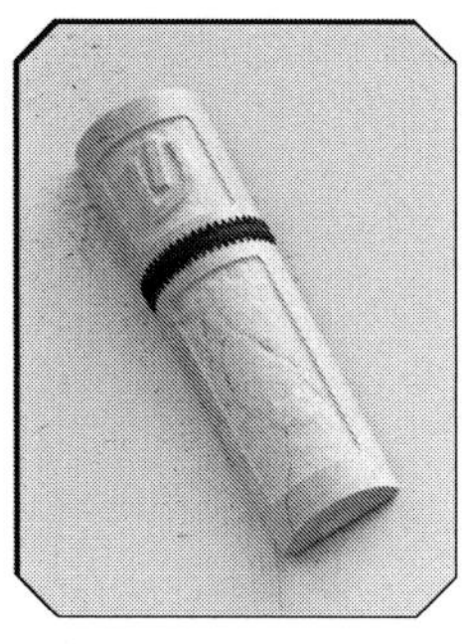

____

____

EA

Der Sabbat ist ein ganz besonderer Tag. Auch Schneiders begehen den Tag. Wie zeigt sich das in deren Familie und deren Wohnung? Ergänze die Lückensätze.

Die Tischplatte ________________ , kein ________________ lag auf den Möbeln, die Scheiben ________________ . Friedrich hatte ein ________________ ________________ an, er trug seinen besten ________________ . Das Wohnzimmer schien .________________ ________________ . Frau Schneider breitete eine ________________ ________________ über den Tisch. Sie stellte zwei ________________ mit neuen ________________ auf den Tisch. Aus der Küche holte sie zwei ________________________ Brote und legte sie auf den Tisch ________________ die Leuchter und den ________________ von Herrn Schneider. Ein großer ________________ Becher und ein ________________ befanden sich an Herrn Scheiders Platz. Dieser betrat den Raum im ________________ Anzug, den Kopf bedeckt mit einem ________________ ________________ Käppchen. Er legte Friedrich die Hand auf seinen ________________ und ________________ ihn. Dann bekamen alle ________________ zu trinken, Herr Schneider ____________ _______ die Hände, sprach ein Gebet über dem ________________________ Brot und reichte jedem ein Stück davon.

EA

Das kleine bestickte Käppchen, das Herr Schneider aufhat, nennt man Kippa. Recherchiere dessen Bedeutung im Internet. Schreibe ins Heft.

Literaturseiten „Damals war es Friedrich" – Bestell-Nr. 14 195
KOHL VERLAG

6 Schulanfang (1931) *Buchseiten 29–36*

EA

Welche weitere Überschrift würde sich ebenfalls treffend für das Kapitel eignen? Kreuze an und begründe deine Wahl. Hast du weitere Ideen für eine passende Überschrift? Schreibe diese darunter.

- ☐ Lakritzstangen machen fröhlich.
- ☐ Heute gelten keine Ausreden.
- ☐ Postkarten kann man nicht essen.
- ☐ Auch Pferde kann man verlängern.
- ☐ Bella und Fuchs.

____

____

EA

Wieso kann Herr Schneider so großzügig sein und die befreundete Familie einladen?

____

____

EA

Welche zwei Textstellen auf Buchseite 32 zeigen dir, dass Familie Schneiders Freundlichkeit bei den anderen ein schlechtes Gefühl erzeugt?

Vater des Erzählers: ______________________________

____

____

Mutter des Erzählers: ______________________________

____

____

6 Schulanfang (1931) *Buchseiten 29–36*

EA

Welche Gefühle werden ausgedrückt? Ordne zu.

1	Vor dem Schultor warteten unsere Eltern.	a	Besorgnis
2	Auf den Rummelplatz!	b	Bedauern
3	Wieder sah Vater Mutter an.	c	Erleichterung
4	Wir können nicht, Junge. Denk an Mutter.	d	Verzweiflung
5	Du musst mir 5 Mark leihen.	e	Freude, Jubel
6	„Was soll ich machen?“, fragte er Mutter flüsternd.	f	Erwartung
7	Bald lutschten alle an ihrer Stange.	g	Ängstlichkeit

1	2	3	4	5	6	7

EA

Wieso ist es für Vater wichtig, dass das Holzpferd verlängerbar ist?

KOHL VERLAG Literaturseiten „Damals war es Friedrich“ – Bestell-Nr. 14 195

PA

1. April 1933.

Zwei Monate waren die Nationalsozialisten an der Macht.
Am 1. April 1933 beherrschten solche Szenen das Straßenbild.
Bringe dieses Foto mit dem Schulweg der beiden Schulkameraden in Verbindung und erzähle nach, was sie erlebten.
Suche dir hierzu einen Partner und erzählt euch gegenseitig.

EA

Kreuze die richtigen Aussagen an.
Schreibe die Sätze anschließend in dein Heft.

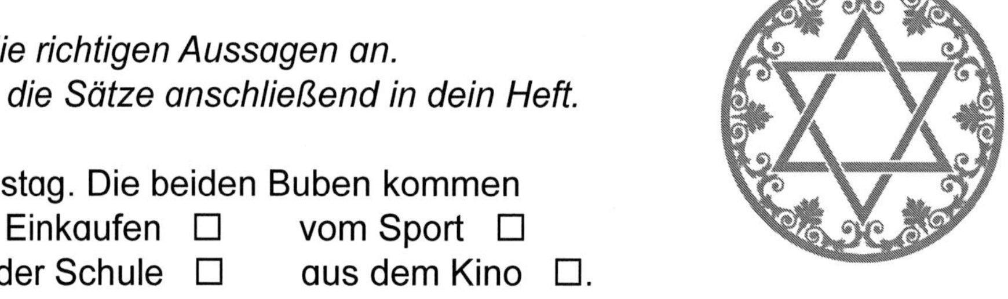

a) Samstag. Die beiden Buben kommen
vom Einkaufen ☐ vom Sport ☐
von der Schule ☐ aus dem Kino ☐.

b) Dr. Askenase ist
Augenarzt ☐ Zahnarzt ☐ Kinderarzt ☐.

c) Man erkennt, dass der Arzt Jude ist, weil er
ein Gebetstuch ☐ ein Käppchen ☐
einen Davidstern ☐ einen Leuchter ☐ trägt.

d) Dr. Askenase ist
ärgerlich ☐ besorgt ☐ verwirrt ☐ böse ☐.

e) Herr Rosenthal ist
Obsthändler ☐ Weinhändler ☐ Bäcker ☐
Schreibwarenhändler ☐.

f) Er ist ein
mürrischer ☐ humorvoller ☐ streitsüchtiger ☐
Mensch.

g) Der Posten vor dem Geschäft
ist freundlich ☐ furchteinflößend ☐
nervös ☐ hilfsbereit ☐.

KOHL VERLAG Literaturseiten „Damals war es Friedrich" – Bestell-Nr. 14 195

7 Schulweg (1933) *Buchseiten 36–42*

EA

Die ältere Frau lässt sich nicht aufhalten.
Vervollständige die Satzanfänge.

Die ältere Frau zieht eine ______________________________.

Sie versucht die Aufschrift ____________________.

Sie trippelt ______________________________________.

Sie bittet ihn, sie _______________________.

Sie lässt sich _______________________.

Sie zwängt sich ______________________________________.

Sie huscht ____.

Kurz darauf ächzt __________________________________.

Sie schiebt sich _____________________________________.

Aufrecht und alle anlächelnd geht ___________________.

EA (4)

Wie verhält sich die Frau gegenüber dem Posten?
Beschreibe in Adjektiven.

____

____

EA

Wie verhält sich die Menschenmenge?
Welche Adjektive beschreiben deren Verhalten?

____

____

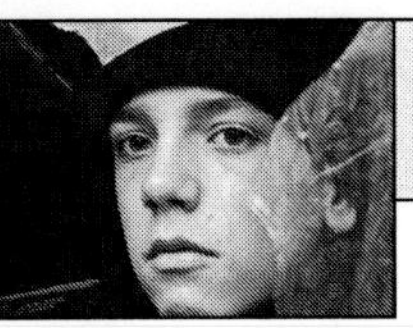

8 Die Schlaufe (1933) *Buchseiten 43–49*

 EA 

In welchen Aussagen Ferdinands erkennst du seine Vorfreude auf das kommende Ereignis?

S. 43: ______________________________

____

____

____

____

S. 45: ______________________________

____

S. 46: ______________________________

____

 EA 

Das Bild zeigt, wie das Jungvolk aufgetreten ist.
Was gefällt Friedrich so an der Gruppe? Wieso möchte er mitmachen?

____

____

____

8 Die Schlaufe (1933) *Buchseiten 43–49*

EA **3** *Friedrich möchte auch äußerlich zu der Gruppe gehören. Welches ist das Kennzeichen und was ist das Besondere an seinem eigenen?*

___

___

___

EA *Wie fühlt sich Friedrich, als sein Freund sieht, was er hat, das andere nicht haben?*

___

___

EA *Welche Aussagen sind wahr, welche falsch?*

		WAHR	FALSCH
1	Der Fähnleinführer ist der Vorgesetzte des Jungzugführers.		
2	Der Fähnleinführer wird wie ein Held verehrt.		
3	Der Fähnleinführer ist auch ein Pimpf.		
4	Friedrich ist sofort begeistert bei der Sache.		
5	Der Bucklige hält einen sachlichen Vortrag über das Judentum.		
6	Der Bucklige ist ein fanatischer Redner und Propagandist.		
7	Geschilderte Gräueltaten sollen die Zuhörer gegen die Juden aufbringen.		

KOHL VERLAG Literaturseiten „Damals war es Friedrich“ – Bestell-Nr. 14 195

EA

Welcher Satz soll den Pimpfen eingehämmert werden? Wieso? Begründe.

EA

Spricht Friedrich den Satz nach? Was sagt er tatsächlich? Begründe.

EA

Mit welchem Wort also drückt Ferdinand aus, dass er Jude ist, ohne es direkt zu sagen?

KOHL VERLAG Literaturseiten „Damals war es Friedrich" – Bestell-Nr. 14 195

9 Der Ball (1933) *Buchseiten 50–54*

EA

Was hätte aus dem zerstörten Schaukasten gestohlen werden können?

gr_____ und kl_____ Ga___________, Ste____ mit schw_____

und we______ Z______, Do_______ mit bu______ Sti________

EA

Finde die Textstellen.

Friedrich ist erschrocken: Mit of____________________________

____

Die Frau ist empört: Sie fas______________________________

Sie unterstellt Friedrich etwas Böses: „Dieser J________________

____

Sie droht: „Wartet__________________________________

Friedrich wird verteidigt: „Aber er___________________________

____

Die Frau beeinflusst den Polizisten: „Glauben Sie ______________

____

Der Bub möchte den Polizisten überzeugen: „Aber sie ____________

____

Der Wachtmeister stellt die Aussage in Frage: „Du wirst ___________

____

9 Der Ball (1933) *Buchseiten 50–54*

Friedrich hat einen tollen Freund! Kannst du diese Aussage bestätigen? Begründe deine Entscheidung.

Wie schätzt du das Verhalten der Ladenbesitzerin ein? Kreuze an. Mehrere Adjektive treffen zu.

- verständlich ☐
- aggressiv ☐
- gemein ☐
- vorurteilsfrei ☐
- hysterisch ☐

10 Treppengespräch (1933) *Buchseiten 54–57*

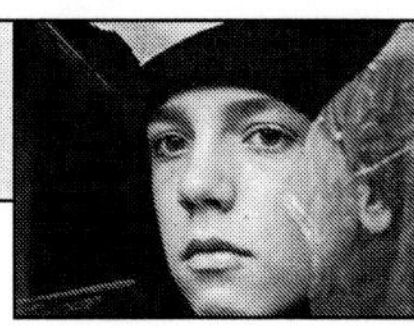

EA

Bringe die Sätze aus dem Treppengespräch in die richtige Reihenfolge und schreibe das Ergebnis in dein Heft. Achte dabei auf die Satzzeichen der wörtlichen Rede.

Ich wollte mit Ihnen reden. Darf ich Sie in meine Wohnung bitten. Was zu besprechen ist, können wir hier erledigen. Bitte, wenn Sie meinen. Bitte sehr! Würden Sie bitte zuhören, ich brauche Sie als Zeugen. Sie ziehen am Ersten aus! Aber das ist doch nicht Ihr Ernst, Herr Resch! Es geht aber wirklich nicht, dass Sie mir so unvermittelt kündigen, Herr Resch. Das geht doch gar nicht, Herr Resch. Herr Schneider genießt Mieterschutz. Ich habe Sie keineswegs gebeten, diesen Herrn zu unterstützen. Ich werde Ihre Wohnung nicht mehr betreten. Weil Sie Jude sind! Sie sollen hier Zeuge sein, weiter nichts. Ich kündige ihnen zum Ersten! Wie bitte? Ich lasse mir von Ihnen das Wort nicht verbieten, Herr Resch. Sie werden auf mich als Zeugen verzichten müssen! Sie werden sehen, es geht! Und darf ich Sie fragen, Herr Resch, aus welchem Grunde Sie uns kündigen?

Herr Resch	„Ich wollte mit Ihnen reden."
Herr Schneider	
Herr Resch	
Herr Schneider	
Herr Resch	
Herr Resch	
Herr Schneider	
Herr Resch	
Herr Schneider	
Vater	
Vater	
Herr Resch	
Herr Resch	
Vater	
Vater	
Herr Schneider	
Herr Resch	
Herr Schneider	
Herr Resch	

10 Treppengespräch (1933) *Buchseiten 54–57*

 EA 

Herr Schneider ist ein höflicher Mensch. An welchen Textstellen wird das erkennbar? Suche mindestens drei. Schreibe sie auf.

1. ______________________________

____

2. ______________________________

____

3. ______________________________

____

4. ______________________________

____

 EA 

Wie reagiert der Vater des Erzählers?

____

____

____

11 Herr Schneider (1933) *Buchseiten 57–61*

EA

Herr Schneider ist am Boden zerstört.
Ergänze die Lückensätze mit den Wörtern im Kasten.
Tipp: Du kannst auch nur mit dem Buchtext arbeiten.

langsam • früh • Feierabend • hing • beschattete • schleppte • zog • weinte • zögerte • Gitter • wieder • Aktentasche • hakte • Ärmel • gesenkt • rannen Tränen • weinte • Tränen • fielen • hörbar • schwankte

Ein einzelner Mann, der sich ____________ näherte.

Er kann noch nicht ____________ haben. Es ist noch zu ____________ . Der Mann trug seine ____________ am Griff. Sein Kopf ____________ auf die Brust. Der Hut ____________ sein Gesicht. Müde ____________ der Mann seine Füße. Manchmal ____________ er unsicher. Dann lenkte er auf das ____________ des Vorgartens zu. Einen halben Schritt davor ____________ er und strebte nun ____________ zur Straße hin.

Friedrich ____________ den Mann unter. Friedrich ____________ seinen Vater am ____________ über den Gehsteig. Herr Schneider hatte die Augen ____________ . Über sein Gesicht ____________ ____________ . Er ____________ . Er wischte die ____________ nicht ab; sie ____________ auf seine Jacke. Herr Schneider ____________ , leise aber ____________ .

KOHL VERLAG Literaturseiten „Damals war es Friedrich" – Bestell-Nr. 14 195

11 Herr Schneider (1933) *Buchseiten 57–61*

EA

Herrn Schneiders Situation geht dem Erzähler sehr nahe.
An welcher Stelle des Textes auf Seite 59 erkennst du das?

____

____

____

____

EA **3**

Woran erkennst du, dass auch Frau Schneider verzweifelt ist?
Verwende folgende Schlüsselwörter bei deiner Antwort.

Gesichtsfarbe: ________________________________

Haar: ________________________________

Küchenstuhl: ________________________________

Arme: ________________________________

Körper: ________________________________

stammeln: ________________________________

Tisch: ________________________________

Tuch: ________________________________

EA **4**

„Beamte können doch nicht entlassen werden!“ Stimmt das?
Was meinst du zu dieser Aussage?

____

____

____

KOHL VERLAG Literaturseiten „Damals war es Friedrich“ – Bestell-Nr. 14 195

12 Die Verhandlung (1933) *Buchseiten 62–68*

EA

Im Kapitel kommen mehrere Begriffe aus dem Bereich Recht/Gericht vor. 14 dieser Begriffe sind hier im Wortgitter: Finde und markiere sie. Schreibe sie in dein Heft und erkläre sie kurz.

X	R	E	C	H	T	S	L	A	G	E	X	X	M	X
V	O	R	S	I	T	Z	E	N	D	E	R	X	A	B
X	B	Z	E	U	G	E	N	B	A	N	K	X	N	E
G	E	R	I	C	H	T	S	S	A	A	L	X	D	K
X	B	E	G	R	Ü	N	D	U	N	G	Ä	D	A	L
X	X	X	R	O	B	E	X	K	L	A	G	E	N	A
S	C	H	R	I	F	T	F	Ü	H	R	E	R	T	G
X	X	X	K	L	A	G	E	S	C	H	R	I	F	T
X	Z	I	V	I	L	P	R	O	Z	E	S	S	X	E
S	C	H	R	I	F	T	S	Ä	T	Z	E	X	X	R

EA

Welcher Begriff kommt zweimal vor? ____________________

EA

Die Verhandlung geht auch an den Zuschauern im Gerichtssaal nicht spurlos vorüber. Suche die entsprechenden Textstellen, die die Stimmung beschreiben.

S. 63

Mutter hielt ______________________________ .

Frau Schneider ______________________________ Leib.

Vor ______________________________ Schluckauf.

Friedrich ______________________ an sie.

Mit ______________________________ blickte er abwechselnd auf seinen Vater, den Vorsitzenden und den Rechtsanwalt.

S. 65

Frau Schneider rutschte ______________________________ .

Mutter drückte ______________________________ .

S. 67

Die Zuschauer wurden ____________________ . Frau Schneider tupfte ______________________________ . Friedrich streichelte ____________________ .

S. 68

Plötzlich ______________________________ .

12 Die Verhandlung (1933) *Buchseiten 62–68*

Wie begründen der Rechtsanwalt und Herr Resch ihre Klage?

1	Die Rechtslage sei	a	überzeugt von den Lehren der Partei.
2	Ein Recht, das heute	b	deutsche Wirtschaftsleben zerstören.
3	Herr Resch ist Mitglied	c	eindeutig.
4	Diese Partei lehnt das	d	ist Jude.
5	Der Kläger ist tief	e	jedem deutschen Menschen gewährt werden muss.
6	Der Beklagte	f	Judentum ab.
7	Herr Schneider hindere ihn, sein	g	sein Geschäft zerstören.
8	Herr Schneider würde	h	der NSDAP.
9	Die Juden würden das	i	Er könne keinen Juden in seinem Haus dulden.
10	Die Zeiten hätten sich geändert.	j	Weltbild zu verwirklichen.

1	2	3	4	5	6	7	8	9	10

Mit welchen Adjektiven würdest du Herrn Reschs Einstellung und die seines Anwalts bezeichnen?

Wie reagiert der Richter auf die Schilderungen des Klägers?

Mit welchen Adjektiven würdest du das Verhalten des Richters beschreiben?

Was bedeuten Friedrichs Schlussworte „Ja, Sie!“?
Meinst du, es könnte tatsächlich so sein wie Friedrich befürchtet?
Schreibe in dein Heft.

13 Im Kaufhaus (1933) *Buchseiten 69–73*

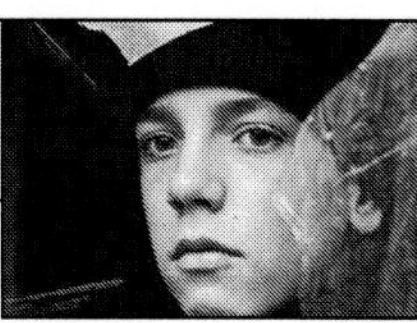

EA

Du hast jetzt schon etliche Begriffe kennen gelernt, die mit der politischen und gesellschaftlichen Situation in dieser Zeit zu tun haben. Finde 19 davon in diesem Rätselgitter.
Erkläre die Begriffe anschließend mit Hilfe des Internets und schreibe in dein Heft.
<u>Tipp:</u> Der Anhang ab S. 160 wird dir hilfreich sein.

x	G	e	l	ä	n	d	e	s	p	i	e	l	F	J
H	a	l	s	t	u	c	h	F	x	x	x	S	ä	u
J	u	n	g	v	o	l	k	a	t	v	x	t	h	n
x	l	w	x	c	g	x	k	h	y	ö	W	ü	n	g
R	e	i	c	h	s	k	a	n	z	l	e	r	l	z
P	i	m	p	f	e	x	x	e	x	k	l	m	e	u
x	f	x	M	ä	r	s	c	h	e	i	t	e	i	g
W	e	l	t	b	i	l	d	x	x	s	j	r	n	f
B	r	a	u	n	h	e	m	d	x	c	u	z	f	ü
H	e	i	m	a	b	e	n	d	x	h	d	x	ü	h
I	V	b	x	e	x	k	P	a	r	t	e	i	h	r
x	K	r	e	i	s	l	e	i	t	u	n	g	r	e
n	x	w	x	g	u	x	p	h	H	i	t	l	e	r
K	o	m	m	u	n	i	s	t	e	n	u	x	r	l
q	x	a	b	d	x	y	x	t	x	a	m	h	s	y

EA

Wer ist der Herr im Gehrock?
Welche Funktion hat er im Kaufhaus?

EA

3

Warum wurde Friedrichs Vater als Postbeamter entlassen?

13 Im Kaufhaus (1933) *Buchseiten 69–73*

EA **4** *Warum darf er wohl jetzt im Kaufhaus arbeiten? Wer könnte das bestimmt haben?*

EA **5** *Kreuze an. Mehrere Antworten können richtig sein.*

Nach seiner Entlassung als Beamter waren die Schneiders

froh ☐	zufrieden ☐	verzweifelt ☐
gleichgültig ☐	glücklich ☐	am Boden zerstört ☐
unglücklich ☐	zornig ☐	orientierungslos ☐

EA **6** *Ferdinand hat seinem Vater vom Jungvolk erzählt. Hättest du das auch gemacht? Was sagt das über die Beziehung Friedrich – Vater aus?*

EA **7** *Was erfährt man über den Vater des Erzählers?*

14 Der Lehrer (1934) *Buchseiten 73–79*

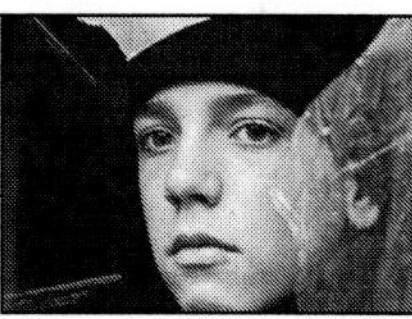

EA

Lehrer Neudorf erzählt die Geschichte des jüdischen Volkes. Zeichne einen Zahlenstrahl von ca. 30 cm in dein Heft oder auf ein separates Blatt Papier. Trage die erwähnten geografischen Begriffe und Jahreszahlen chronologisch ein, und arbeite mit Pfeilen.

EA

Fragen zur Geschichte des jüdischen Volkes:

a)	Wo lebten alle Juden vor 2000 Jahren?	
b)	Wer beherrschte damals das Land?	
c)	Wann wurde der Aufstand niedergeschlagen?	
d)	Wann wurde der Tempel in Jerusalem zerstört?	
e)	Wohin wurde die Rebellen verbannt?	
f)	Wohin flohen die Juden nach der Zerstörung Jerusalems?	
g)	Was gelang ihnen in der Fremde?	
h)	Als was wurden Juden von den Christen bezeichnet?	
i)	Was wurde mit ihnen angestellt?	
j)	Wieso ließen verarmte Fürsten ihre jüdischen Untertanen verfolgen?	
k)	In welchen Berufen durften sich Juden betätigen?	
l)	Wer durfte/musste in eine jüdische Schule gehen?	

KOHL VERLAG Literaturseiten „Damals war es Friedrich“ – Bestell-Nr. 14 195

EA

a) *Lehrer Neudorf gibt am Ende seiner Erzählung einer Hoffnung Ausdruck. Schreibe sie hier auf.*

„Ich hoffe, ______________________________

____

____

____

____

______________________________."

b) *Und er spricht eine Vermutung aus:*

„Vielleicht ______________________________

____

______________________________."

EA

Was meint Lehrer Neudorf damit?
Welche Vermutung für die Zukunft der Juden hat er?

____

____

____

____

15 Die Reinemachefrau (1935) *Buchseiten 79–83*

EA

Setze die Wörter aus dem Kasten in die Lücken.

sauber • fleißig • langweilen • Mögliche und Unmögliche • Friedrich • so gern • weiterempfehlen • Kindern

Frau Penk ist gerne Reinemachefrau.

Sie ist sehr ________________ . Sie arbeitet ________________ .

Man kann sie ohne Bedenken ________________ . Sie will sich

zu Hause nicht ________________ . Sie kauft sich gerne alles

________________________________ . Sie arbeitet gerne bei

Familien mit ________________ . Sie mag den ________________ .

EA **2**

Ein neues Gesetz veranlasst Frau Penk zu ihrer Entscheidung. Wie könnte man das Gesetz nennen? Denke dir eine Bezeichnung aus.

____

____

____

____

____

____

____

KOHL VERLAG Literaturseiten „Damals war es Friedrich“ – Bestell-Nr. 14 195

15 Die Reinemachefrau (1935) *Buchseiten 79–83*

Wieso befürwortet auch ihr Mann diese Entscheidung?

Ein Foto mit Wirkung. Dieses Foto verdeutlicht eine ähnliche Situation wie die, die Frau Penk in der Stadt erlebt hat.

Was passiert auf dem Foto?

Wie findest du das, dass Menschen öffentlich an den Pranger gestellt werden, um andere einzuschüchtern?

KOHL VERLAG Literaturseiten „Damals war es Friedrich“ – Bestell-Nr. 14 195

16 Gründe (1936) *Buchseiten 83–89*

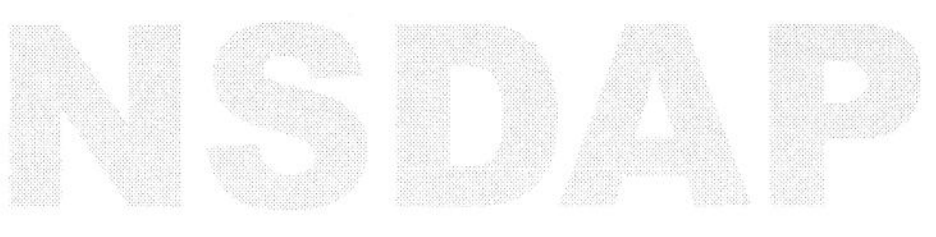

 EA 

NSDAP ist die Abkürzung für

____

 EA 

Setze die Wörter aus dem Kasten in die Lücken.

gehofft • Stelle • Arbeit (2x) • gut • zum Vorteil • Urlaubsreise

Vater ist in die NSDAP eingetreten. Er zählt die Vorteile der Mitgliedschaft auf: Er hat wieder ________________, bessere ________________, als er je ________________ hat. Es geht der Familie ________________. Man hat ihm schon wieder eine gute ________________ angeboten. Zum ersten Mal kann die ganze Familie eine ________________. machen. Die Mitgliedschaft gereicht seiner Familie und ihm ________ ________________.

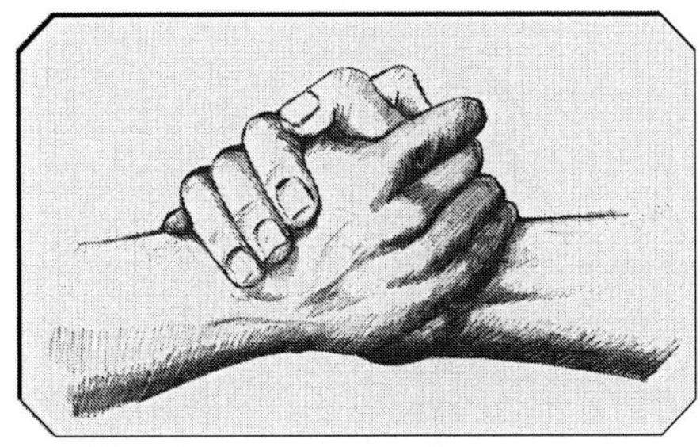

 EA 

Vater meint es gut mit Herrn Schneider. Wie möchte er ihn überzeugen, das Land zu verlassen? Arbeite mit diesen Schlüsselwörtern und schreibe seine Worte in Sätzen in dein Heft.

Glaubensbrüder / schwer gemacht / nicht aufhören / steigern / Familie / besser heute / begreifen / trauen / kleine Gruppe / Staat / Ungerechtigkeit / Glauben / fort

KOHL VERLAG Literaturseiten „Damals war es Friedrich" – Bestell-Nr. 14 195

16 Gründe (1936) *Buchseiten 83–89*

EA

Herr Schneider hält seine Gründe dagegen.
Fülle die Lücken mit den Wörtern aus dem Kasten.

lieber als hier • im Ausland • aufnehmen • Deutsche • Jahrhundert • vernünftig • man sie in Ruhe • Olympische Jahr • gibt es Vorurteile • beruhigen • die Juden gnadenlos ermorden • halben Jahrhundert • sein

Er, seine Familie und seine ganze Verwandtschaft sind ______________ .

Was sollen sie ________________ ? Wie würde man sie dort

______________ ? Sähe man sie dort ______________________ ?

Alles wird sich auf Dauer ______________ . Seit das ______________

__________ begonnen hat, lässt ____________________________

Seit 2000 Jahren ________________________ gegen die Juden.

Die werden nicht in einem _________________________ verschwinden.

Inzwischen seien die Menschen doch ________________ geworden.

Man braucht wenigstens nicht zu fürchten, dass tobende Volksmassen

____ . Was

Vater fürchtet, könne im zwanzigsten _________________ nicht _____ .

PA

1936 – Das Jahr der Olympischen Spiele in Berlin. Alle Augen waren auf Deutschland gerichtet. Hitler wollte der restlichen Welt ein schönes, friedliches Deutschland vermitteln. Wie könnte er das erreicht haben? Berate dich mit dem Partner. Sammelt eure Ergebnisse schriftlich und stellt sie an einer Flipchart vor.

EA

Der Star der Olympischen Spiele 1936 war Jesse Owens, ein Schwarzer. Wie kam dies wohl bei den Nationalsozialisten an? Schreibe deine Gedanken in dein Heft.

17 Im Schwimmbad (1938) *Buchseiten 90–94*

Auf dem Weg ins Schwimmbad kommt den Buben ein Radfahrer entgegen. Am Ende des Badetages kann Friedrich dies einordnen. Weißt du auch, wer der Radfahrer war?

Friedrich kann den Radfahrer ganz genau beschreiben. Warum hat der Radfahrer Friedrichs Aufmerksamkeit auf sich gezogen?

Warum kommt Friedrich in die missliche Lage mit dem Bademeister?

Der Bademeister nennt Friedrich einen Lügner. Stimmt das?

17 Im Schwimmbad (1938) *Buchseiten 90–94*

EA

Wie reagiert der bestohlene Junge, als Friedrich ihm sagt, er habe den Dieb gesehen?
Wie findest du seine Reaktion, warum sagt er das?

___

___

___

PA

Stelle dir vor, du wärst damals dabei gewesen.
Schreibe dem Bademeister.
Gehe auf seine Beschimpfungen ein.
Du kannst dies auch mit einem Partner tun.
Schreibe in dein Heft.

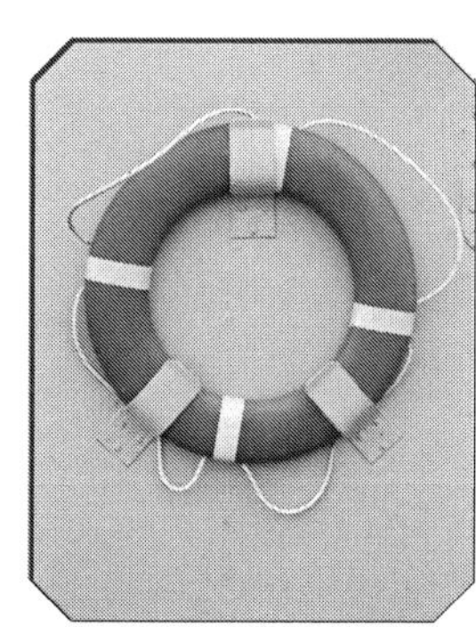

PA

Lest euch in der Gruppe euere Ergebnisse vor.
Wo gibt es bei euch Übereinstimmungen?
Schreibt die Übereinstimmungen auf.

___

___

___

___

___

18 Das Fest (1938) *Buchseiten 95–101*

EA

Friedrich feiert sein Fest. Füge die gesuchten Begriffe aus dem Kapitel aus den einzelnen Silben zusammen. Schreibe auf.

Sy / Schab / chen / Tal / Bet / Rab / He / ge / Os / Tho / rol / brä / Wo / ab / Vor / sil / Stift / go / bi / le / isch / ten / ner / ber / Ge / Mes / 120 / Jah / bes / pult / ner / käpp / Sa / mon / lith / Bar / Miz / na / bets / ra / chen / be / sias / re / schnitt / ter / lo / wah

a) Ein Haus für die jüdische Lehre: ______________________

b) Jüdisches Wort für Sabbat (Frohes Wochenende): ______________________

c) Es ersetzt bei passenden Gelegenheiten den Hut: ______________________

d) Gebetsmantel: ______________________

e) Darauf wird die Thorarolle gelegt: ______________________

f) Bezeichnung für den jüdischen Gesetzeslehrer: ______________________

g) Sprache, die die Juden sprechen: ______________________

h) In diese Richtung verneigen sich und beten Juden: ______________________

i) Hier sind die fünf Bücher Mose verzeichnet: ______________________

j) Am Ende der Woche darf ein Gemeindemitglied ihn lesen: ______________________

k) Er singt einen Thora-Abschnitt: ______________________

l) Ein Gegenstand dient zum Lesen in der Thora: ______________________

m) Der Erlöser wird so bezeichnet: ______________________

n) So alt wie Moses sollen alle werden: ______________________

o) So heißt Friedrich auf Hebräisch: ______________________

p) Feier zur Aufnahme des Buben in die Glaubensgemeinde: ______________________

EA

***Bar Mizwah**: Ergänze die Lücken mit diesen Begriffen.*

vollwertiges • verantwortlich • männliche • Konfirmation • Handlungen

Beim Fest Bar Mizwah wird der ________________ Jude als ________________ Mitglied in die Glaubensgemeinde aufgenommen. Ab da ist er für seine ________________ im religiösen Sinn voll ________________. Die Feier entspricht in etwa der ________________ im evangelischen Glauben.

Literaturseiten „Damals war es Friedrich" – Bestell-Nr. 14 195
KOHL VERLAG

19 Begegnung (1938) *Buchseiten 102–105*

EA

Der Sportlehrer heißt Schuster. Was erfährst du über ihn? Lies noch einmal nach und beende die Sätze.

Alle ____.

Die Schüler ____.

Seine Sportstunden bestehen ___________________________.

Er lächelte ____.

EA

Alles im Befehlston! Was bekommen die Schüler von Herrn Schuster zu hören?

1	Die Pause	a	Mauer, marsch, marsch!
2	Frische Luft werdet ihr	b	in Linie angetreten.
3	Wir machen	c	die Taschen und Ranzen leer!
4	Alles macht	d	marsch!
5	Die Hefte und Bücher	e	fällt heute aus!
6	Auf dem Schulhof	f	keine Blöße geben.
7	Taschen und Ranzen	g	heute noch genug bekommen.
8	Marsch,	h	kommen unter das Pult!
9	Angetreten,	i	einen Gewaltmarsch.
10	Alles an die	j	mal zeigen, was wir zuwege bringen.
11	Jetzt werden wir denen da drüben	k	von euch Haltung!
12	Ihr werdet euch doch	l	mitnehmen!
13	Ich erwarte	m	habe ich gesagt!

1	2	3	4	5	6	7	8	9	10	11	12	13

EA

Wie spricht Lehrer Schuster zu seinen Schülern? Schreibe in dein Heft.

a) *Was steht jeweils am Satzende?*

b) *Wie nennt man diese Sätze?*

c) *Wie lautet der lateinische Name dieser Form?*

PA

Versuche so zu sprechen wie der Lehrer Schuster. Lasse dich von einem Partner korrigieren.

20 Der Pogrom (1938) *Buchseiten 106–113*

EA **1** *Pogrom bedeutet Zerstörung, Verwüstung. Notiere in den einzelnen Kreisen, was bei Dr. Askenase und Herrn Rosenthal angerichtet wurde.*

EA **2** *Was geschieht im Lehrlingshaus? Notiere in die Scheibenlöcher.*

KOHL VERLAG Literaturseiten „Damals war es Friedrich“ – Bestell-Nr. 14 195

EA **3** *Zuerst ist er der Erzähler nur Zuschauer.*
Dann drückt ihm jemand einen Hammer in die Hand.
Was passiert dann?

EA **4** *Was sagst du zu der plötzlichen Veränderung des Erzählers?*
Hättest du das erwartet? Schreibe deine Gedanken auf.

EA **5** *Was könnte mit Dr. Askenase und Herrn Rosenthal passiert sein?*

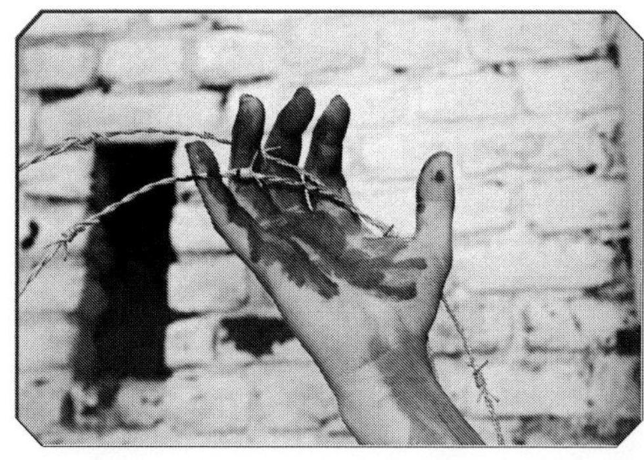

21 Der Tod (1938) *Buchseiten 113–118*

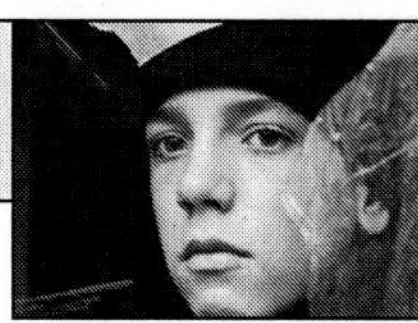

Nachdem du das Kapitel gelesen hast, kannst du diese Seite gestalten wie du möchtest. Du kannst zeichnen, malen, schreiben.

Du kannst sie deinem Partner oder in der Klasse zeigen und deine Gefühle und Gedanken mitteilen, wenn du magst.

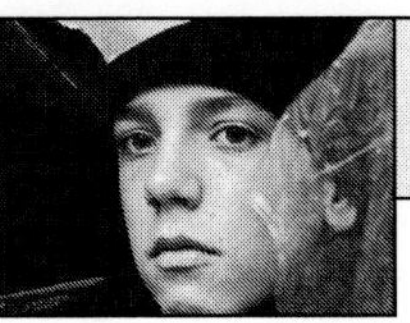

22 Lampen (1938) *Buchseiten 119–122*

Was ist ungerecht?
Dass Herr Schneider den ganzen Schaden selbst ...

____

______________________________.

EA **2** *Herr Schneider darf nicht mehr arbeiten. Wieso eigentlich nicht? Er hatte doch eine sichere Stellung im Kaufhaus „Herschel Meyer“.*

____

____

____

EA **3** *Herr Schneider ist nach der erneuten Wohnungskündigung zuversichtlich.*

a) *Was sagt er?* „______________________________

______________________________.“

b) *Glaubst du das?*

____

____

Herr Schneider verabschiedet den Nachbarsbuben mit einer Bitte und einer Befürchtung:

„______________________________, *sonst*

______________________________“.

22 Lampen (1938) *Buchseiten 119–122*

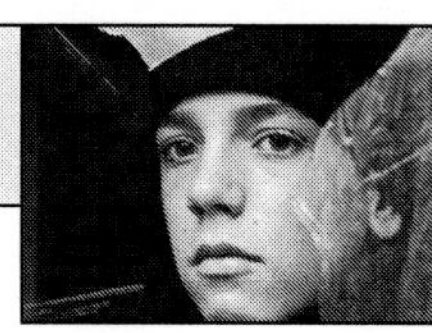

EA

5 *Wieso äußert er diese Befürchtung? Könnte sie Wirklichkeit werden?*

____

____

____

EA

Der Nachbarsbub ist verwundert. Vater und Sohn Schneider sind heute so ganz anders, als er in ihre Wohnung tritt.
Schreibe die Veränderung von Vater und Sohn in die Tabelle.

VORHER	Herr Schneider und Friedrich schienen mir so verwandelt.	**NACHHER**
Herr Schneider:	**P R O G R O M**	Herr Schneider:
Friedrich:	Diesen Friedrich kannte ich gar nicht!	Friedrich:

23 Der Film (1940) *Buchseiten 122–127*

EA

Selbst Schulklassen besuchen den Film gemeinsam.
Trotzdem haben die beiden Freunde ein mulmiges Gefühl im Kino, obwohl sie schon 14 Jahre alt sind. Warum?

Setze die folgenden Wörter in die Lücken ein. Dann erhältst du die Antwort.

mit Juden • seinen Judenausweis • Juden • der Kinobesuch

Friedrich hatte nur ______________________________ *und*

________________ *war* ________________________ *verboten.*

Sein Freund durfte nicht ________________________ *verkehren.*

23 Der Film (1940) *Buchseiten 122–127*

So drücken sich Unsicherheit und Furcht bei Friedrich aus:

1	Allein hätte er	a	blass geworden.
2	Das war es, wovor	b	vorsichtig dabei um.
3	Er schaute sich	c	erst nach allen Seiten um.
4	Mir ist gar nicht wohl	d	auf und wollte sich durchzwängen.
5	Friedrich guckte sich	e	immer auffälliger.
6	Friedrich war	f	Friedrich so fürchtete.
7	Unruhig rutschte er	g	stotterte mit hochrotem Kopf.
8	Friedrich benahm sich	h	es nicht gewagt.
9	Er sprang	i	auf seinem Platz hin und her.
10	Er zitterte und	j	zumute bei dieser dummen Pfuscherei.

1	2	3	4	5	6	7	8	9	10

Was sagen die Personen? (Buchseite127).
Setze die Zeichen der wörtlichen Rede.

a) *Die Platzanweiserin sieht sich erfolgreich:* ____________________

____

b) *Friedrich ist verzweifelt:* ____________________

____

c) *Die Ältere gibt ihm einen Befehl:* ____________________

d) *Sie äußert einen Vorwurf:* ____________________

____

Diese Reaktion hätte man von der Platzanweiserin wohl nicht erwartet.
Verfasse einen kurzen Dankesbrief an sie.
Schreibe auf ein Extrablatt.

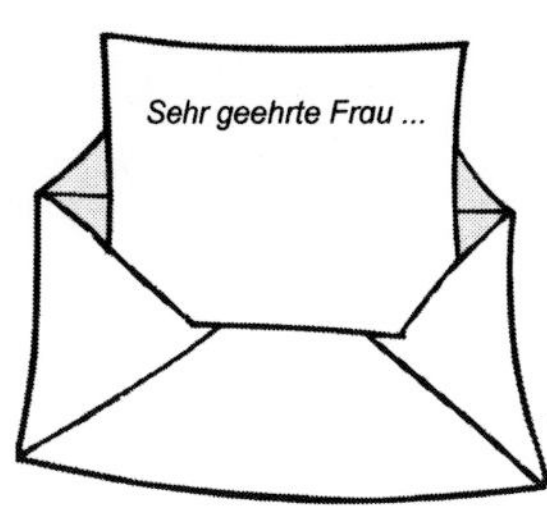

24 Bänke (1940) *Buchseiten 128–133*

EA

Zwei Bänke.
Zeichne Friedrich und Helga auf einer gelben Bank und füge Sprech- bzw. Denkblasen ein, die Friedrichs und Helgas Gedanken, Gefühle und Ängste ausdrücken.

EA

Ist Friedrichs Vater mit Friedrichs Gefühlen einverstanden?
Was sagt er zu ihm?
Setze die Wörter in der richtigen Reihenfolge zusammen.

Friedrich / du / bedenke / tust / was

____

EA

Mit welcher Aussage (Buchseite 131) zeigt Helga, dass sie weiß, was Friedrich bedrückt?

____

24 Bänke (1940) *Buchseiten 128–133*

Friedrich ist verliebt. An welchen Textstellen zeigt sich dies?
Setze die Satzzeichen der wörtlichen Rede.

a) Irgendwem muss ______________________________ , sonst halte

____ .

b) Ich verwahre ____________________ – zur ______________ .

c) Von da an habe ______________________________________

____ .

d) Wenn Helga herauskam, ________________________________

____ .

e) Dann sah sie noch ____________________________________ !

f) Ich habe nachts ______________________________________ .

g) Ich kann dir gar nicht sagen ____________________________ .

h) Es war so schön, wenn _________________________________ .

i) Wenn ich sie anguckte, dann spürte _______________________ .

EA **5**

Schweren Herzens trifft Friedrich eine Entscheidung. Welche?

____

____

Wie findest du Friedrichs Entscheidung?

____

Stelle dir vor du wärst Friedrich, dein Partner wäre Helga (oder umgekehrt). Wie würde dein Entschuldigungsbrief an Helga aussehen? Was würde Helga antworten? Verfasst gegenseitig einen Brief an euch.

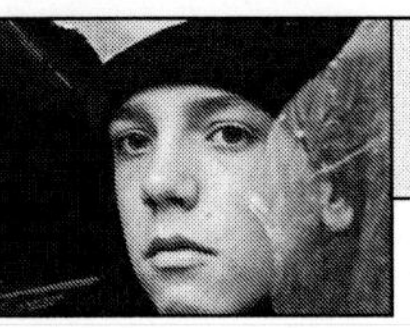

25 Der Rabbi (1941) *Buchseiten 133–137*

„Jemand da?"
Warum scheitert die Kontaktaufnahme zwischen den Bewohnern des 1. und des 2. Stockes mehrmals?

Wieso wollen die Schneiders zuerst keinen Kontakt, als der Rabbi in ihrer Wohnung ist, und ziehen sich zurück?

Friedrich soll sich entscheiden. Wer sagt was?
Kreuze die Person an, von der der Satzanfang stammt (E = Erzähler, R = Rabbi, S = Herr Schneider, F = Friedrich).

Willst du ihn opfern, um ...	E	R	S	F
Wegen der Kartoffeln komme ich, ich ...				
Und deswegen machst du ...				
Sei froh und dankbar, dass er ...				
Was fällt ...				
Kann ich dafür, dass ...				
Nicht ich bin es, der ...				
Ich sterbe ...				
Meinetwegen soll ...				
Nun ist ...				
Ich bürge ...				
Warum soll ich ...				
Du weißt, was mir bevorsteht, ...				
Ich weiß nicht, was ...				

„Ich weiß nicht, was ich tun soll!"
In welchem Zwiespalt befindet sich der Erzähler? Schreibe in dein Heft.

26 Sterne (1941) *Buchseiten 137–140*

EA

Auf jedem Kleidungsstück eines Juden musste ein gelber Stern aufgenäht werden. So konnte er sofort eindeutig als Jude identifiziert werden.

Schreibe in jeden Stern eine Tätigkeit, die Juden von 1938 bis 1941 nicht mehr ausüben durften.
Tipp: Auf den Buchseiten 170/171 findest du Hilfe

1

2

3

4

5

6

7

8

27 Salomon *Buchseiten 140–144*

EA 

Friedrich heißt auf Hebräisch Salomon.
Schreibe ein „Anfangsbuchstabengedicht“ (Akrostichon) mit Wörtern aus dem Buch. Gestalte es übersichtlich und bunt auf einem Extrablatt.

S	ohn des Schloime und der Gittel
A	ufstand
L	ärmen
O	pfer
M	orde
O	hne Gnade
N	ot und Armut

F	
R	
I	
E	
D	
R	
I	
C	
H	

EA 

Was sind die Gründe für die 2000 Jahre alte Judenverfolgung?

____

____

EA **3**

War das im 3. Reich zur Zeit Hitllers anders oder gibt es Parallelen?

____

____

____

____

28 Besuch (1941) *Buchseiten 144–146*

EA

Die Staatsmacht geht mit Gewalt vor. *Schreibe die Textstellen heraus, an denen sich dies zeigt. Schreibe in dein Heft.*

EA

Wie verhält sich Herr Resch in dieser Situation? Verwende diese Schlüsselwörter:

a) Schlüssel: ______________________________

____

b) vergessen: ______________________________

____

c) lästigen: ______________________________

____

EA

Herr Schneider sieht den Vater des Erzählers.

a) *Was sagt er? Denke an die Zeichen der wörtlichen Rede.*

____

b) *Was bedeutet das? Was meint er damit?*

____

____

EA

Schreibe die Stelle heraus, an der du erkennst, dass Vater

sich widersetzt: ______________________________

wütend ist: ______________________________

29 Fledderer (1941) *Buchseiten 146–149*

Die Familie ist aufgewühlt.
Füge Satzanfänge und -enden zusammen.

1	In dieser Nacht ...	a	... ein wenig Kaffee.
2	Vater wälzte ...	b	... weinte.
3	Mutter ...	c	... sehr früh auf.
4	Ich dachte ...	d	... nach einem Platz für mein Geschirr.
5	Wir standen ...	e	... schlief niemand.
6	Mutter konnte ...	f	... starr vor Schreck.
7	Vater trank nur ...	g	... an Herrn Schneider.
8	Mutter war ...	h	... sich unruhig hin und her.
9	Aufgeregt suchte ich ...	i	... Friedrich nach.
10	Ich jagte ...	j	... nicht frühstücken.

1	2	3	4	5	6	7	8	9	10

Herr Resch kniet auf dem Wohnzimmerboden. *Male die beschriebene Szene. Wie sieht es dort in der Wohnung aus? Wo sind die Personen? Benutze ein Extrablatt.*

Friedrich ist im Wohnzimmer. Wie verhält er sich? Was fühlt er? Finde die Textstelle und schreibe die Adjektive in dein Heft.

Wie würdest du Friedrich in dieser Situation beschreiben? Kreuze an. Du kannst eigene Ideen ergänzen.

sorgenvoll ☐ ängstlich ☐ bestimmt ☐ mutig ☐ kraftvoll ☐
zornig ☐ zittrig ☐ entschlossen ☐ aufrecht ☐
kämpferisch ☐ weinerlich ☐ standhaft ☐ ______________ ☐

Herr Resch – ein Fledderer. Beantworte folgende Fragen. Schreibe in dein Heft.

a) *Was macht Herrn Resch zu einem Fledderer?*
b) *Wie verhält er sich, als er ertappt wird?*

30 Das Bild (1942) *Buchseiten 149–153*

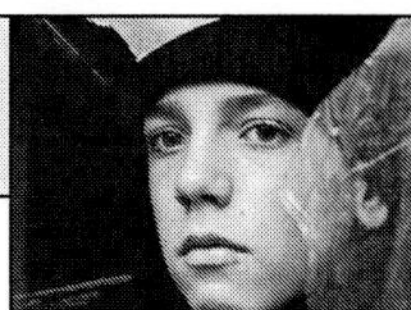

EA

Beantworte kurz folgende Fragen.

a) *In einer Stunde werden sie hier sein! Wer?*

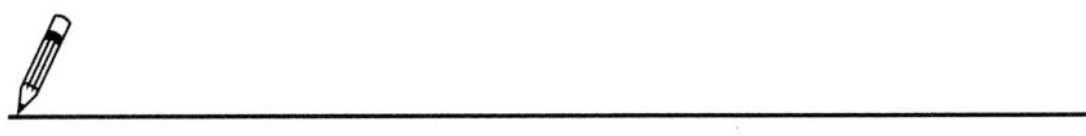

b) *Drei gepackte Köfferchen. Was ist darin?* ______________________

c) *Vater will nachher dösen. Wann?* ______________________

d) *Der Bub horcht auf. Was hört er?* ______________________

e) *Wessen Zeichen ist es?* ______________________

f) *Wie schaut Friedrich aus?* ______________________

g) *Wo wohnt Friedrich?* ______________________

h) *Was hat er verkauft?* ______________________

i) *Was ist sein letzter wertvoller Besitz?* ______________________

j) *Worum bittet er sehnlichst?* ______________________

k) *Warum ist ihm dies so wichtig?* ______________________

l) *Welches Signal ist zu hören?* ______________________

m) *Wieso kann Friedrich nicht mit der Familie mitgehen?* ______________________

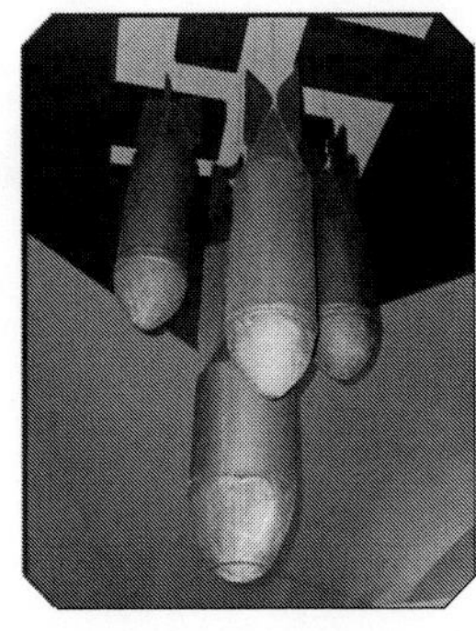

n) *Wo soll Friedrich stattdessen bleiben?* ______________________

o) *Was soll er nicht tun?* ______________________

KOHL VERLAG Literaturseiten „Damals war es Friedrich“ – Bestell-Nr. 14 195

31 Im Keller (1942) *Buchseiten 153–157*

Herr Resch – ein Unmensch
Was erwartest du von einem guten Menschen?
Wie muss/soll er sein? Finde passende Adjektive.

Herr Resch entspricht diesen Erwartungen wohl kaum.
Wie würdest du ihn charakterisieren?

Wie verhält sich Herr Resch im Keller den anderen Schutzsuchenden gegenüber? Formuliere mit eigenen Worten.

32 Ende (1942) *Buchseiten 157 – 159*

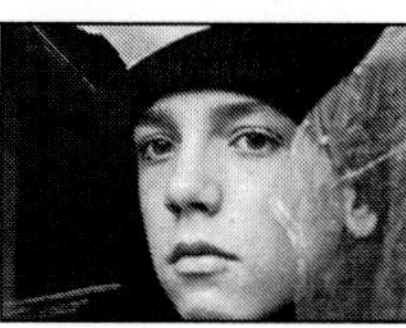

EA

Eine Todesanzeige für Friedrich: *Gestalte eine Todesanzeige für Friedrich. Hier kannst du deine Gefühle und dein Wissen einbringen. Du kannst auch Symbole verwenden.*

Vergleiche und besprich deine Anzeige in der Gruppe. Ihr könnt sie einander vorstellen, ausschneiden und im Klassenzimmer aufhängen.

Zusatz:

- *Gestaltet ein Plakat, eine Powerpoint-Präsentation, einen Vortrag oder ähnliches über das Buch.*
- *Ihr könnt auch einen Artikel über Friedrich oder das Buch in der nächsten Schülerzeitung oder eurer Schulhomepage verfassen und veröffentlichen.*

<u>TIPP</u>: Fotos aus der Zeit wie das Judentum, die Unterdrückung etc. bereichern einen solchen Text und machen ihn erst interessant.

33 Lösungen

1 Vorgeschichte (1925)

1. Polykarp ist ein Gartenzwerg: grüne Hose, rote Weste, blaue Zipfelmütze, linke Hand in der Hosentasche, eine lange Pfeife in der rechten Hand, steht mitten auf dem Rasen im Vorgarten.

3. Herr Resch wohnt im Erdgeschoss, die Schneiders im 2. Stock und die Familie des Erzählers im 1. Stock dazwischen. Für sie kann aber kein Name eingetragen werden.

4. **a)** Herr Resch: Hausbesitzer, dick, behäbig, Aufstieg zum Großhandelsvertreter, verlässt das Haus nur an schönen hohen Feiertagen, leitet seine Geschäfte von zu Hause aus.
b) Familie Schneider wohnt im 2. Stock, Herr Schneider ist Postbeamter, freundlich, grüßt, ebenso seine Frau, kein echter Kontakt mit den anderen Hausbewohnern. Sohn Friedrich wird eine Woche nach dem Erzähler geboren.
c) Vater des Erzählers ist arbeitslos, kaum Aussicht auf lohnende Beschäftigung, Familie hat Zukunftssorgen.

5. Herr Resch hat Karriere gemacht, er ist der „Chef", er will herrschen, die anderen sind seine Untertanen und lässt sie dies auch spüren. Möglicherweise ist er herrschsüchtig, autoritär; ist unsympathisch.

6. Im Jahr 1925 nehmen Arbeitslosigkeit und Not zu. Die Geldentwertung war überstanden. Die meisten Deutschen hatten keine Ersparnisse mehr und große Sorgen.

7. So wie Herr Resch beherrscht auch sein Gartenzwerg sein Umfeld.

2 Reibekuchen (1929)

1. Vier Jahre

2. Sie muss im Rathaus vorsprechen.

3. **a)** Breitbeinig stellte er sich vor das Zimmer. Feindselig betrachtete er Friedrich.
b) Er möchte den anderen für sich gewinnen, indem er ihn mit der Kuckucksflöte lockt und ihn anlächelt.
c) Sie spielen zusammen am Fußboden mit der Eisenbahn, rutschen auf dem Bauch hin und her, liegen dann müde ausgestreckt am Boden.
d) Kartoffeln reiben, Zwiebel schneiden, Kartoffeln in die Reibemaschine, drehen, Mehl über den Brei streuen, eine Prise Salz dazu, Pfanne mit Öl auf den Herd (die Flamme), Kartoffelteig in die siedende Pfanne, den Fladen wenden, bräunen lassen.
e) Sie backen miteinander, essen, balgen, plantschen, kreischen, baden, gurgeln, schreien, plumpsen, spritzen, lachen.
f) Herr Resch wird nicht namentlich genannt, aber durch den Krach der beiden Jungen gestört, klopft er von unten (mit einem Stock?) an die Decke.
g) Friedrich ist beschnitten.

3 Schnee (1929)

1. sprang, Schnee, Schritt, Sohlenabdrücke, schneien, Zunge, fangen, Schnee, stapfen, schleifenden, tanzte, formte, Schneeballschlacht, froh, ausgelassen, Schneemann, stampfte, hohen

2. 1-e, 2-g, 3-a, 4-c, 5-h, 6-b, 7-f, 8-d

3. Herr Resch ist aufgebracht, er weist Friedrich zurecht, brüllt ihn an, beschimpft und beleidigt ihn: „Willst du wohl meine Rosen in Frieden lassen, du Judenbengel, du!" Es wird deutlich, dass er etwas gegen Juden hat.

4. Mutter holt den Buben zurück, hält ihn davon ab hinauszugehen, sie möchte sich aus der Sache heraushalten und keinen Konflikt mit Herrn Resch haben.

4 Großvater (1930)

1. fünf Jahre
2. Mutter beginnt aufgeregt, die Wohnung in Ordnung zu bringen. Sie wischt Staub, wo längst keiner mehr lag. Sie nimmt das letzte Geld für Bohnenkaffee. Sie schrubbt die Hände des Buben mit der Wurzelbürste, bis sie ihm weh tun. Sie klebt die Scheitelhaare mit Wasser an. Opa wird mit einer tiefen Verbeugung begrüßt. Der Steg zwischen Sohle und Absatz der Schuhe ist mit Schuhcreme geputzt.
3. überheblich, herrisch, bestimmt, herablassend, autoritär, vorwurfsvoll
4. 1 – d, 2 – f, 3 – b, 4 – g, 5 – c, 6 – a, 7 – e
5. aufgeregt, Verbeugung, aufgerichtet, demütig, Altersversorgung, Unterstützung, Lampe, nette, Geheimrat, verfärbte (sich), erschreckt, still, jüdisch

a	u	f	g	e	r	i	c	h	t	e	t						V		s
											a	u	f	g	e	r	e	g	t
j	ü	d	i	s	c	h						L					r		i
		v	e	r	f	ä	r	b	t	e		a					b		l
	e	r	s	c	h	r	e	c	k	t		m					e		l
									n			p					u		
									e		d	e	m	ü	t	i	g		
							U	n	t	e	r	s	t	ü	t	z	u	n	g
	G	e	h	e	i	m	r	a	t								n		
		A	l	t	e	r	s	v	e	r	s	o	r	g	u	n	g		

6. S. 24: „Ja“, sagte Vater, „nette Leute“. Weder Vater noch Mutter äußerten sich zu Großvaters Erzählung.
S. 25: Da warf Vater dazwischen: „Aber doch nicht die Schneiders!“, Mutters Gesicht verfärbte sich. Vater und Mutter blickten erschreckt. Es war still, furchtbar still im Wohnzimmer. „Ein Kind aus der Nachbarschaft“, antwortete Mutter.

5 Freitagabend (1930)

1. Die Mesusah ist ein Röhrchen, das oben am Türpfosten hängt und für den Haussegen sorgt. Er soll helfen, Gott und seine Gebote nie zu vergessen. Beim Verlassen des Zimmers wird die Mesusah berührt und die Finge, die sie berührten, geküsst..
2. glänzt, Stäubchen, blitzten, weißes Hemd, Anzug, feierlich ruhig, weiße Decke, Leuchter, Kerzen, selbstgebackene, zwischen, Platz, silberner, Gebetbuch, schwarzen, winzigen bestickten, Scheitel, segnete, Wein, wusch sich, selbst gebackenen
3. Jüdische Männer sind verpflichtet, eine Kopfbedeckung zu tragen, wenn sie beten, Gottes Namen während eines Segens aussprechen oder jüdische Studien lernen. Dies geschieht aus Respekt vor Gott und zu dessen Ehrung. Das tun sie auch, wenn Sie sich in einer Synagoge befinden. Diese Tradition reicht zurück in biblische Zeiten, als Priester im Tempel während des Dienstes verpflichtet waren, den Kopf zu bedecken.

6 Schulanfang (1931)

2. Er hat Arbeit und ein sicheres Einkommen.
3. Vater: In seiner Not konnte er sie (die Bockwurst) kaum hinunterbringen.
Mutter: ... ich sah, dass ihr diese Bockwurst nicht schmeckte, weil sie sich Sorgen machte.
4. 1 – f, 2 – e, 3 – g, 4 – b, 5 – a, 6 – d, 7 – c
5. Er möchte, dass alle gleichzeitig auf dem Pferd Platz nehmen können, da er sonst zwei Fotos bezahlen müsste. Und das Geld ist bekanntlich knapp.

33 Lösungen

7 Schulweg (1933)

1. Individuelle Lösung: Die Schüler notieren mit Hilfe des Textes die Erlebnisse.

2. a) Schule; b) Kinderarzt; c) Käppchen; d) besorgt; e) Schreibwarenhändler; f) humorvoller g) furchteinflößend, nervös

3. Brille aus dem Mantel, zu lesen, vor dem Posten hin und her, vorbeizulassen, nicht abhalten, zwischen dem Posten und der Hauswand durch, die Treppe hinunter in das Geschäft, sie wieder die Treppe hinauf, lächelnd hinter dem Rücken des Postens aus dem Eingang, sie davon.

4. ganz schön mutig, bestimmt, lässt sich nicht beirren, verschmitzt

5. abwartend, zurückhaltend, eingeschüchtert, ängstlich, (feige?)

8 Die Schlaufe (1933)

1. Seite 43: „Danke schön! Danke schön, dass du mich abgeholt hast.“ „Ich freue mich so! Ich freue mich so!“ „Ich habe gesehen, wie ihr marschiert seid und gesungen habt. Das finde ich so schön. Ich möchte gerne mitmachen.“ Seite 45: „Ich bin so froh, dass ich dabei sein darf!“ Seite 46: „Herrlich! Ich bin so froh; ich werde auch Pimpf.“

2. Sie marschieren, singen, spielen miteinander, haben ein Gemeinschaftserlebnis, in der Gruppe fühlt man sich wohl.

3. Ein schwarzes Dreieckstuch, das mit einer braunen Lederschlaufe mit Hakenkreuz zusammengehalten wird.

4. Friedrich ist stolz, er freut sich noch mehr.

5. 1 – w, 2 – w, 3 – f, 4 – w, 5 – f, 6 – w, 7 – w

6. Den Satz „Die Juden sind unser Unglück!“ will er den Buben einhämmern, um sie gegen die Juden aufzubringen und so Hass zu säen.

7. Friedrich sagt „........... – **euer** Unglück“

8. Mit dem Wort „euer“ entfernt sich Ferdinand auch geistig aus der Gruppe.

9 Der Ball (1933)

1. große und kleine Garnrollen, Sternchen mit schwarzem und weißem Zwirn, Docken mit buntem Stickgarn

2. Friedrich ist erschrocken: Mit offenem Mund starrt er auf die zertrümmerte Scheibe des Schaukastens.
Die Frau ist empört: Sie fasst Friedrich beim Arm und zetert los.
Sie unterstellt Friedrich etwas Böses: „Dieser Judenlümmel drückt mir den Schaukasten ein, will meine Ware stehlen!“
Sie droht: „Wartet nur, der Hitler wird es euch schon zeigen!“
Friedrich wird verteidigt: „Aber er ist es doch gar nicht gewesen! Ich habe den Ball geworfen.“
Die Frau beeinflusst den Polizisten: „Glauben Sie ihm nicht, Herr Wachtmeister! Er will den Judenlümmel in Schutz nehmen.“
Der Bub möchte den Polizisten überzeugen: „Aber sie hat es doch gar nicht gesehen! Nur ich bin dabei gewesen, ich habe es getan!“
Der Wachtmeister stellt die Aussage in Frage: „Du wirst doch diese Frau nicht als Lügnerin hinstellen wollen!“

3. Friedrich hat einen tollen Freund! Diese Aussage muss man voll bestätigen, denn dieser setzt sich unerschrocken und mutig für ihn ein, gibt seine Schuld zu und bekräftigt auch dem Polizisten gegenüber immer wieder Friedrichs Unschuld.

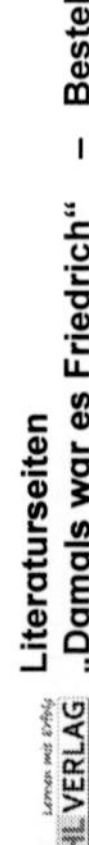

33 Lösungen

10 Treppengespräch (1933)

1. Richtige Reihenfolge der Sätze:
„Ich wollte mit Ihnen reden." „Bitte sehr! Darf ich Sie in meine Wohnung bitten." „Ich werde Ihre Wohnung nicht mehr betreten. Was zu besprechen ist, können wir hier erledigen." „Bitte, wenn Sie meinen." „Würden Sie bitte zuhören, ich brauche Sie als Zeugen." „Ich kündige ihnen zum Ersten!" „Wie bitte?" „Sie ziehen am Ersten aus!" „Aber das ist doch nicht Ihr Ernst, Herr Resch!" „Das geht doch gar nicht, Herr Resch. Herr Scheider genießt Mieterschutz." „Ich habe Sie keineswegs gebeten, diesen Herrn zu unterstützen. Sie sollen hier Zeuge sein, weiter nichts." „Ich lasse mir von Ihnen das Wort nicht verbieten, Herr Resch. Sie werden auf mich als Zeugen verzichten müssen!" „Es geht aber wirklich nicht, dass Sie mir so unvermittelt kündigen, Herr Resch." „Sie werden sehen, es geht!" „Und darf ich Sie fragen, Herr Resch, aus welchem Grunde Sie uns kündigen?" „Weil Sie Jude sind!"

2. Er verbeugte sich leicht gegen Herrn Resch. „Darf ich Sie in meine Wohnung bitten?" Mit einer Handbewegung bot er Herrn Resch den Vortritt. „Bitte, wenn Sie meinen, Herr Resch."

3. Vater ist mutig, er widerspricht und lässt sich nicht vereinnahmen, hält zu Herrn Schneider, will ihm helfen, unterstützt ihn.

11 Herr Schneider (1933)

1. langsam, Feierabend, früh, Aktentasche, hing, beschattete, schleppte, zögerte, Gitter, schwankte, wieder, hakte, zog, Ärmel, gesenkt, rannen Tränen, weinte, Tränen, fielen, weinte, hörbar

2. Seite 59: Ich setzte mich in die Küche und versuchte zu lesen. In Wirklichkeit dachte ich an Herrn Schneider.

3. Gesichtsfarbe: bleicher als sonst, Haar: unordentlich; Küchenstuhl: sackte auf einen; Arme: warf sie auf den Tisch und legte das Gesicht darauf; Körper: bebte unter dem Schluchzen; stammeln: Immer wieder stammelte sie „Ich habe Angst!"; Tisch: er zitterte unter ihren Weinkrämpfen; Tuch: Mit einem feuchten Tuch kühlte sie die verweinten Augen.

4. Ein Beamter muss sich etwas zu schulden kommen lassen, damit er entlassen werden kann.
Herr Schneider wird entlassen, weil er Jude ist.

12 Die Verhandlung (1933)

	R	E	C	H	T	S	L	A	G	E			M	
V	O	R	S	I	T	Z	E	N	D	E	R		A	B
	B	Z	E	U	G	E	N	B	A	N	K		N	E
G	E	R	I	C	H	T	S	S	A	A	L		D	K
	B	E	G	R	Ü	N	D	U	N	G	Ä	D	A	L
			R	O	B	E		K	L	A	G	E	N	A
S	C	H	R	I	F	T	F	Ü	H	R	E	R	T	G
			K	L	A	G	E	S	C	H	R	I	F	T
	Z	I	V	I	L	P	R	O	Z	E	S	S		E
S	C	H	R	I	F	T	S	Ä	T	Z	E			R

1. Rechtslage, Vorsitzender, Zeugenbank, Gerichtssaal, Begründung, Klage, Schriftführer, Klageschrift, Zivilprozess, Schriftsätze, Robe, Kläger, Mandant, Beklagter

2. Robe

3. Seite 63: Mutter hielt meine Hand fest umklammert. Frau Schneider zitterte am ganzen Leib. Vor Erregung hatte sie einen Schluckauf. Friedrich schmiegte sich an sie. Mit angstweiten Augen ... Seite 65: Frau Schneider rutschte unruhig auf ihrem Sitz hin und her. Mutter drückte meine Hand noch fester. Seite 67: Die Zuschauer wurden lauter. Frau Schneider tupfte Schweißtropfen von der Stirn. Friedrich streichelte ihren Arm. Seite 68: Plötzlich heulte Friedrich auf.

4. 1 – c, 2 – e, 3 – h, 4 – f, 5 – a, 6 – d, 7 – j, 8 – g, 9 – b, 10 – i

5. Beispiel: engstirnig, parteihörig, ideologieverbohrt, intolerant, bösartig ...

6. Er bringt seine Argumentation ins Wanken, „bremst ihn aus", schlägt ihn mit seinen eigenen Waffen

7. gerecht, unparteiisch, unbeeinflusst,

8. Friedrich glaubt schon jetzt nicht mehr daran, dass in Zukunft immer von allen Gerechtigkeit geübt werden wird. Ja. Der Urteilsspruch hängt vom Richter ab.

33 Lösungen

13 Im Kaufhaus (1933)

	G	e	l	ä	n	d	e	s	p	i	e	l	F	J
H	a	l	s	t	u	c	h	F				S	ä	u
J	u	n	g	v	o	l	k	a	t	v		t	h	n
	l	w		c	g		k	h	y	ö	W	ü	n	g
R	e	i	c	h	s	k	a	n	z	l	e	r	l	z
P	i	m	p	f	e			e		k	l	m	e	u
	f		M	ä	r	s	c	h	e	i	t	e	i	g
W	e	l	t	b	i	l	d			s	j	r	n	f
B	r	a	u	n	h	e	m	d		c	u	z	f	ü
H	e	i	m	a	b	e	n	d		h	d		ü	h
I	V	b		e	x	k	P	a	r	t	e	i	h	r
	K	r	e	i	s	l	e	i	t	u	n	g	r	e
n		w		g	u		p	h	H	i	t	l	e	r
K	o	m	m	u	n	i	s	t	e	n	u		r	l
q		a	b	d		y		t		a	m	h	s	y

1. Geländespiel, Halstuch, Jungvolk, Reichskanzler, Pimpfe, Märsche, Weltbild, Braunhemd, Heimabend, Kommunisten, Jungzugführer, Fähnleinführer, Stürmer, Weltjudentum, Fahne, völkisch
2. Friedrichs Vater hat eine neue Stelle als Abteilungsleiter im Kaufhaus.
3. Er ist Jude.
4. Der Kaufhausbesitzer hat ihn eingestellt, für ihn ist es kein Grund, dass er Jude ist. Vielleicht ist er auch jüdischen Glaubens.
5. verzweifelt, am Boden zerstört, unglücklich, orientierungslos
6. individuelle Lösung
7. Der arbeitslose Vater ist in die Partei eingetreten und erhofft sich davon Nutzen, Unterstützung, Beschäftigung, eine Arbeitsstelle.

14 Der Lehrer (1934)

1. individueller Zeitstrahl
2. A – Palästina, Israel, B – die Römer, C – 70 n.Chr., D – 70 n.Chr., E – nach Spanien und an den Rhein, F – in alle Welt, G – Wohlstand und Ansehen zu gewinnen, H – als Ungläubige, I – als Ungläubige wurden sie vertrieben, ermordet, verbrannt, J – sie wollten sich bereichern, K – Händler und Geldverleiher, L – jüdische Kinder
3. **a)** „Ich hoffe, ihr versteht das und bleibt Friedrichs Freunde, so wie ich sein Freund bleibe, wenn er auch nicht mehr meine Klasse besucht.“
   b) „Vielleicht wird Friedrich gute Freunde brauchen.“
4. Wahrscheinlich wird sich die Situation für die Juden verschlechtern und hoffentlich wird es Menschen geben, die ihnen helfen.

15 Die Reinemachefrau (1935)

1. fleißig, sauber, weiterempfehlen, langweilen, Mögliche und Unmögliche, Kindern, Friedrich so gern.
2. individuelle Lösung. Beispiel: Gesetz zum Umgang von Nichtjuden mit Juden.
   § 1 Ab sofort sind alle Ehen zwischen Juden und Nichtjuden als aufgelöst erklärt.
   § 2 Nichtjüdischen Männern und Frauen ist der Umgang mit dem anderen Geschlecht verboten, so es Juden sind.
   § 3 Nichtjüdischen Frauen, die unter 45 Jahre alt sind, ist es untersagt, im Hause von Juden zu arbeiten.
3. Ihr Mann war Kommunist. Kommunisten sind Gegner der Nationalsozialisten.
   Er möchte durch die Tätigkeit seiner Frau nicht in Gefahr kommen.
4. Ein Mann und eine Frau, die jüdische Partner hatten, werden an den Pranger gestellt und werden als Volksverräter der Öffentlichkeit zur Abschreckung präsentiert. Die uniformierte Staatsmacht (Parteimacht) lässt die Bedrohung erkennen.
5. Diese Maßnahme ist unwürdig, unmenschlich, Unrecht, illegal, willkürlich, Teil einer Ideologie.

33 Lösungen

16 Gründe (1936)

1. Nationalsozialistische Deutsche Arbeiterpartei
2. Arbeit, Arbeit, gehofft, gut, Stelle, Urlaubsreise, zum Vorteil
3. Zitat Seite 87 „Viele ihrer Glaubensbrüder haben Deutschland schon verlassen. Man hat ihnen das Leben schwer gemacht. Und das wird nicht aufhören. Es wird sich noch steigern. Denken Sie an Ihre Familie! Gehen Sie fort! Alles spricht dafür, dass Sie besser heute als morgen gehen. Begreifen Sie doch! Trauen Sie dem Frieden nicht! Sie reden, als ob Sie bloß eine kleine Gruppe gereizter Judenhasser zu fürchten hätten. Ihr Gegner ist ein Staat! Unfreiheit und Ungerechtigkeit wollen Sie einfach hinnehmen?"
4. Deutsche, im Ausland, aufnehmen, lieber als hier, beruhigen, Olympische Jahr, man sie in Ruhe, gibt es Vorurteile, halben Jahrhundert, vernünftig, die Juden gnadenlos ermorden, Jahrhundert, sein
5. individuelle Lösung: z.B. Hetzpropaganda einstellen, Hetzschilder abnehmen, militaristische Aufmärsche vermeiden, Straßenkämpfe und Verfolgungen einstellen, sich weltoffen geben, demokratischen Anschein an den Tag legen ...
6. Der Sieg des Schwarzen kommt ziemlich ungelegen, denn wie Juden werden auch Schwarze als Untermenschen angesehen. Und ein solcher kann keinen Weißen besiegen, schon gar nicht einen Deutschen.

17 Im Schwimmbad (1938)

1. der Fahrraddieb
2. Das silberglänzende Rad funkelte in der Sonne und war sehr auffällig. Der Mann musste bremsen, er fluchte, Friedrich pfiff hinter ihm her.
3. Er verliert das Bändchen mit seiner Nummer, mit der er seine Kleidung abholen kann.
4. Friedrich lügt nicht, er nennt seinen Namen. Auch wir würden unseren zweiten Vornamen kaum nennen.
5. Er sagt „Denkst du denn, wenn du das der Polizei erzählst, die glauben dir?" Er meint, weil Friedrich Jude ist, würde seine Aussage nicht zählen. Das würde bedeuten, einem Juden kann man nicht glauben. Dies ist ein Vorurteil.

18 Das Fest (1938)

1. a) Synagoge, b) Schabbes, c) Gebetskäppchen, d) Tallith, e) Betpult, f) Rabbiner, g) Hebräisch, h) Osten, i) Thorarolle, j) Wochenabschnitt, k) Vorbeter, l) silberner Stift, m) Messias, n) 120 Jahre, o) Salomon, p) Bar Mizwah
2. männliche, vollwertiges, Handlungen, verantwortlich, Konfirmation

19 Begegnung (1938)

1. fürchteten seine Strenge / gehen ihm aus dem Weg / hauptsächlich aus Märschen / höhnisch, wenn einer nicht mehr kann
2. 1 – e, 2 – g, 3 – i, 4 – c, 5 – h, 6 – b, 7 – l, 8 – d, 9 – m, 10 – a, 11 – j, 12 – f, 13 – k
3. a) das Ausrufezeichen, b) Befehlssätze; c) Imperativ

33 Lösungen

20 Der Pogrom (1938)

1. Namensschild verbogen, Fensterrahmen herausgeschlagen, Arztbesteck auf der Straße, zerhacktes Radio im Kanal, Glassplitter bis zur Fahrbahnmitte, zerbrochene Regale auf dem Gehsteig, schmutzige Papierbögen, zerfetzte Tapeten, zerrissenes Papier, Boden übersät mit Waren.

2. Türe aufgebrochen, aufgeschlitzte Matratzen, Werkzeugschrank geplündert, zersplitterte Scheiben, zertrümmerte Einrichtungsgegenstände, zerschlagene Tafel

3. Dann lässt er sich mitreißen und wird zu einem Teil des wütenden Mobs, obwohl er es am Anfang gar nicht will. Aber es beginnt schon, als er in das „Hau-ruck" der Menge einstimmt.

21 Der Tod (1938)

1. individuelle Gestaltungsergebnisse

22 Lampen (1939)

1. bezahlen muss, aber nicht für ihn verantwortlich ist

2. Juden haben ihre Arbeit verloren. Das Kaufhaus gehörte einem Juden (Herschel), sicher wurde auch dieses verwüstet, der Besitzer enteignet, vertrieben.

3. **a)** Solange er keine andere Wohnung für uns nachweist, kann uns nichts geschehen."

   b) Das wird bestimmt nicht so kommen, denn Herr Resch ist sich auf Grund der politischen Lage jetzt sicher, dass Herr Schneider auch vor Gericht keine Chance mehr hat. Juden haben keine Rechte mehr.

4. „Verrate uns nicht, sonst nimmt man uns alles ab."

5. Mit dieser Befürchtung hat er recht, denn den Juden wird alles genommen.

6. Vor dem Pogrom war Herr Schneider selbstbewusst, sicher, adrett, sauber, bestimmt, zuversichtlich, Friedrich war ein Bub, teilweise enthusiastisch, ängstlich. Nach dem Pogrom übernimmt Friedrich die Rolle des Starken, Dynamischen, Zuverlässigen, der wie selbstverständlich zum Lebensunterhalt beiträgt. Herr Schneider ist ängstlich, unsauber, er zittert.

23 Der Film (1940)

1. seinen Judenausweis / Juden / der Kinobesuch / mit Juden

2. 1 – h, 2 – f, 3 – b, 4 – j, 5 – c, 6 – a, 7 – i, 8 – e, 9 – d, 10 – g

3. **a)** „Da stimmt doch etwas nicht?" „Und was ist das?"
   b) „Geben Sie mir den Ausweis! Ich will meinen Ausweis!"
   c) „Komm!"
   d) „Du bist wohl lebensmüde!"

4. individuelle Lösung: z.B. Eine augenscheinlich harte, pflichtbewusste Angestellte zeigt nach zuerst äußerer Härte zutiefst menschliche Reaktion.

24 Bänke (1940)

1. individuelle Lösung

2. **a)** Irgendwem muss ich es sagen, sonst halte ich es nicht mehr aus.
   b) Ich verwahre ihn immer noch - zur Erinnerung.
   c) Von da an habe ich jeden Abend beim Kindergarten gestanden und gewartet.
   d) Wenn Helga herauskam, bin ich so gegangen, dass sie mich sehen musste. .
   e) Dann sah sie noch schöner aus!
   f) Ich habe nachts nur noch von Helga geträumt. .
   g) Ich kann dir gar nicht sagen, wie froh ich war.
   h) Es war so schön, wenn wir nur nebeneinander hergehen konnten.
   i) Wenn ich sie anguckte, dann spürte ich das richtig innen drin.

3. Bedenke, was du tust, Friedrich!"

4. „Bist du ruhiger, wenn wir uns hier setzen?"

5. Am Sonntag ist er dann doch nicht zur Verabredung gegangen. Er kann doch das Mädchen nicht in die Lage bringen, dass sie wegen der Begegnung mit ihm ins Lager kommt.

25 Der Rabbi (1941)

1. Mutter ließ ein Körbchen mit Kartoffeln nach oben zu den Schneiders bringen. In der Wohnung waren Schritte zu hören, auf das Klingeln rührte sich nichts. Mutter hätte geschworen, dass jemand oben ist. Wieder wurde geklingelt, wieder vergeblich.

2. Sie haben Angst, dass ihr Geheimnis entdeckt wird.

3. Der Reihenfolge nach von links nach rechts:
   F: dich zu beruhigen? E: wollte sie abliefern. S: solchen Lärm? F: uns Kartoffeln bringt. S: dir ein?
   F: du den Kopf verlierst? S: den Verstand verliert. S: vor Angst. R: niemand streiten. R: es zu spät.
   F: für ihn. R: alle in Gefahr bringen? R: wenn man mich fängt? E: ich tun soll!

4. Durfte er sich und seine Familie in Gefahr bringen? Durfte er den Rabbi ausliefern? Egal wie er sich entscheidet, es kann für jeden den Tod bedeuten.

26 Sterne (1941)

1. Einträge wie auf Seite 170/171:
   etwa: Besuch von Universitäten verboten, Verbot des Besitzes von Rundfunkgeräten, Ausgangssperre, Verlust von Geschäften, Verlust von Betrieben, Herausgabe der Wertsachen etc.

27 Salomon

1. individuelle Lösung

2. Habgier, Gewinnsucht, Beutegier, Mordlust

3. Auch im 3. Reich unter Hitler hat man sich am Eigentum der Juden bereichert, ihnen alles weggenommen, sie vertrieben, ermordet.

33 Lösungen

28 Besuch (1941)

1. Klingelten, trommelten mit den Fäusten gegen die Tür, riefen „Sofort aufmachen!“ Krachend flog die Tür zurück. „Hände noch!“ Schwere Schritte dröhnten. „Los, schwirren Sie ab!“, schnauzte er. Ein junger Mann führte ihn. Da schlug ihm ... „Den erwischen wir auch noch!“ „Verschwinden Sie!“, herrschte er uns an.

2. **a)** Er bietet an, die Tür mit seinem Zweitschlüssel zu öffnen, damit diese nicht zu Bruch geht.
b) „Einer fehlt! Sie haben einen vergessen!“, verrät er den Häschern eigennützig.
c) Einen lästigen Mieter, den er schon lange loshaben wollte, ist er los.

3. **a)** Er sagt „Sie haben recht gehabt, Herr ...“
b) „Herr Schneider, alles was sie mir vorhergesagt hatten, ist eingetroffen. Ich hätte auf sie hören sollen.“

4. sich widersetzt: Wir blieben; wütend ist: ... warf die Tür zu, dass die Scheiben klirrten.

29 Fledderer (1941)

1. 1 – e, 2 – h, 3 – b, 4 – g, 5 – c, 6 – j, 7 – a, 8 – f, 9 – d, 10 – i

3. Breitbeinig, bewegungslos steht er da. Erwachsen, mit gespreizten Beinen versperrt er die Tür, straft Herrn Resch mit Verachtung, bietet ihm die Stirn, weicht nicht, bespuckt ihn, nennt ihn einen Fledderer.

4. bestimmt, mutig, kraftvoll, zornig, entschlossen, aufrecht, kämpferisch, standhaft

5. **a)** Er bereichert sich gewissenlos am Eigentum eines dem Tod Geweihten und rafft alles zusammen.
b) Er fühlt/sieht sich ertappt, geht in Abwehrhaltung, hat Angst, zittert, erstarrt, atemlos, Stoßatmung, Körper bebt, Gesicht rötet sich (= Aggression), will auf Friedrich losgehen, schreit nach Hilfe.

30 Das Bild (1942)

1. 1. die Bomber; 2. die notwendigsten Sachen; 3. nach dem Bombenangriff; 4. ein zartes Klopfen 5. Friedrichs Zeichen; 6. er ist verschmutzt; 7. in einem Versteck; 8. seine Uhr; 9. ein Teil des Kugelschreibers, den er von Lehrer Neudorf bekommen hatte; 10. um das Foto, auf dem alle zu sehen sind; 11. um sich zu erinnern; 12. Sirene als Bombenalarm; 13. Herr Resch würde ihn erkennen; 14. oben in der Wohnung; 15. Licht anmachen

31 Im Keller (1942)

1. Beispiel: (un)gerecht, (un)beugsam, (un)beherrscht, (un)menschlich, (un)erträglich, (un) verständlich, (un)christlich, (un)ehrenhaft, (un)einsichtig, (un)bedächtig, (un)barmherzig, (un)berechenbar, (un)anständig, (un)einfühlsam, (un)gläubig, (un)zumutbar

2. Kombination der Adjektive mit der Vorsilbe „un-“.

3. Herr Resch ist sich seiner Stellung als Luftschutzwart bewusst und zeigt sich überheblich und autoritär, selbst dem Feldwebel gegenüber. Unbarmherzig und gefühlskalt zeigt er sich Friedrich gegenüber.

32 Ende (1942)

1. individuelle Ausführung

Literaturseiten „Damals war es Friedrich“ – Bestell-Nr. 14 195